U0515860

海上絲綢之路基本文獻叢書

海防纂要（四）

〔明〕王在晋 撰

文物出版社

圖書在版編目（CIP）數據

海防纂要．四／（明）王在晋撰．-- 北京 ： 文物出版社，2022.7
（海上絲綢之路基本文獻叢書）
ISBN 978-7-5010-7653-6

Ⅰ．①海… Ⅱ．①王… Ⅲ．①海防－軍事史－中國－明代 Ⅳ．① E294.8

中國版本圖書館 CIP 數據核字（2022）第 086618 號

海上絲綢之路基本文獻叢書

海防纂要（四）

撰　　者：〔明〕王在晋
策　　劃：盛世博閱（北京）文化有限責任公司

封面設計：鞏榮彪
責任編輯：劉永海
責任印製：張　麗

出版發行：文物出版社
社　　址：北京市東城區東直門内北小街 2 號樓
郵　　編：100007
網　　址：http://www.wenwu.com
經　　銷：新華書店
印　　刷：北京旺都印務有限公司
開　　本：787mm×1092mm　1/16
印　　張：14.5
版　　次：2022 年 7 月第 1 版
印　　次：2022 年 7 月第 1 次印刷
書　　號：ISBN 978-7-5010-7653-6
定　　價：98.00 圓

本書版權獨家所有，非經授權，不得複製翻印

總緒

海上絲綢之路，一般意義上是指從秦漢至鴉片戰争前中國與世界進行政治、經濟、文化交流的海上通道，主要分爲經由黄海、東海的海路最終抵達日本列島及朝鮮半島的東海航綫和以徐聞、合浦、廣州、泉州爲起點通往東南亞及印度洋地區的南海航綫。

在中國古代文獻中，最早、最詳細記載『海上絲綢之路』航綫的是東漢班固的《漢書·地理志》，詳細記載了西漢黄門譯長率領應募者入海『齎黄金雜繒而往』之事，書中所出現的地理記載與東南亞地區相關，并與實際的地理狀況基本相符。

東漢後，中國進入魏晉南北朝長達三百多年的分裂割據時期，絲路上的交往也走向低谷。這一時期的絲路交往，以法顯的西行最爲著名。法顯作爲從陸路西行到印度，再由海路回國的第一人，根據親身經歷所寫的《佛國記》（又稱《法顯傳》）一書，詳細介紹了古代中亞和印度、巴基斯坦、斯里蘭卡等地的歷史及風土人情，是瞭解和研究海陸絲綢之路的珍貴歷史資料。

隨着隋唐的統一，中國經濟重心的南移，中國與西方交通以海路爲主，海上絲綢之路進入大發展時期。廣州成爲唐朝最大的海外貿易中心，朝廷設立市舶司，專門管理海外貿易。唐代著名的地理學家賈耽（七三〇～八〇五年）的《皇華四達記》記載了從廣州通往阿拉伯地區的海上交通『廣州通夷道』，詳述了從廣州港出發，經越南、馬來半島、蘇門答臘半島至印度、錫蘭，直至波斯灣沿岸各國的航綫及沿途地區的方位、名稱、島礁、山川、民俗等。譯經大師義净西行求法，將沿途見聞寫成著作《大唐西域求法高僧傳》，詳細記載了海上絲綢之路的發展變化，是我們瞭解絲綢之路不可多得的第一手資料。

宋代的造船技術和航海技術顯著提高，指南針廣泛應用於航海，中國商船的遠航能力大大提升。北宋徐兢的《宣和奉使高麗圖經》詳細記述了船舶製造、海洋地理和往來航綫，是研究宋代海外交通史、中朝友好關係史、中朝經濟文化交流史的重要文獻。南宋趙汝適《諸蕃志》記載，南海有五十三個國家和地區與南宋通商貿易，形成了通往日本、高麗、東南亞、印度、波斯、阿拉伯等地的『海上絲綢之路』。宋代爲了加强商貿往來，於北宋神宗元豐三年（一〇八〇年）頒佈了中國歷史上第一部海洋貿易管理條例《廣州市舶條法》，并稱爲宋代貿易管理的制度範本。

元朝在經濟上採用重商主義政策，鼓勵海外貿易，中國與歐洲的聯繫與交往非常頻繁，其中馬可·波羅、伊本·白圖泰等歐洲旅行家來到中國，留下了大量的旅行記，記録元代海上絲綢之路的盛況。元代的汪大淵兩次出海，撰寫出《島夷志略》一書，記録了二百多個國名和地名，其中不少首次見於中國著録，涉及的地理範圍東至菲律賓群島，西至非洲。這些都反映了元朝時中西經濟文化交流的豐富内容。

明、清政府先後多次實施海禁政策，海上絲綢之路的貿易逐漸衰落。但是從明永樂三年至明宣德八年的二十八年裏，鄭和率船隊七下西洋，先後到達的國家多達三十多個，在進行經貿交流的同時，也極大地促進了中外文化的交流，這些都詳見於《西洋蕃國志》《星槎勝覽》《瀛涯勝覽》等典籍中。

關於海上絲綢之路的文獻記述，除上述官員、學者、求法或傳教高僧以及旅行者的著作外，自《漢書》之後，歷代正史大都列有《地理志》《四夷傳》《西域傳》《外國傳》《蠻夷傳》《屬國傳》等篇章，加上唐宋以來衆多的典制類文獻、地方史志文獻，集中反映了歷代王朝對於周邊部族、政權以及西方世界的認識，都是關於海上絲綢之路的原始史料性文獻。

海上絲綢之路概念的形成，經歷了一個演變的過程。十九世紀七十年代德國地理學家費迪南·馮·李希霍芬（Ferdinad Von Richthofen，一八三三～一九〇五），在其《中國：親身旅行和研究成果》第三卷中首次把輸出中國絲綢的東西陸路稱爲『絲綢之路』。有『歐洲漢學泰斗』之稱的法國漢學家沙畹（Édouard Chavannes，一八六五～一九一八），在其一九〇三年著作的《西突厥史料》中提出『絲路有海陸兩道』，蘊涵了海上絲綢之路最初提法。迄今發現最早正式提出『海上絲綢之路』一詞的是日本考古學家三杉隆敏，他在一九六七年出版《中國瓷器之旅：探索海上的絲綢之路》中首次使用『海上絲綢之路』一詞；一九七九年三杉隆敏又出版了《海上絲綢之路》一書，其立意和出發點局限在東西方之間的陶瓷貿易與交流史。

二十世紀八十年代以來，在海外交通史研究中，『海上絲綢之路』一詞逐漸成爲中外學術界廣泛接受的概念。根據姚楠等人研究，饒宗頤先生是華人中最早提出『海上絲綢之路』的人，他的《海道之絲路與昆侖舶》正式提出『海上絲路』的稱謂。選堂先生評價海上絲綢之路是外交、貿易和文化交流作用的通道。此後，大陸學者馮蔚然在一九七八年編寫的《航運史話》中，使用『海上絲綢之路』一詞，這是迄今學界查到的中國大陸最早使用『海上絲綢之路』的人，更多地限於航海活動領域的考察。一九八〇年北京大學陳炎教授提出『海上絲綢之路』研究，并於一九八一年發表《略論海上絲綢之路》一文。他對海上絲綢之路的理解超越以往，且帶有濃厚的愛國主義思想。陳炎教授之後，從事研究海上絲綢之路的學者越來越多，尤其沿海港口城市向聯合國申請海上絲綢之路非物質文化遺産活動，將海上絲綢之路研究推向新高潮。另外，國家把建設『絲綢之路經濟帶』和『二十一世紀海上絲綢之路』作爲對外發展方針，將這一學術課題提升爲國家願景的高度，使海上絲綢之路形成超越學術進入政經層面的熱潮。

與海上絲綢之路學的萬千氣象相對應，海上絲綢之路文獻的整理工作仍顯滯後，遠遠跟不上突飛猛進的研究進展。二〇一八年厦門大學、中山大學等單位聯合發起『海上絲綢之路文獻集成』專案，尚在醖釀當中。我們不揣淺陋，深入調查，廣泛搜集，將有關海上絲綢之路的原始史料文獻和研究文獻，分爲風俗物産、雜史筆記、海防海事、典章檔案等六個類别，彙編成《海上絲綢之路歷史文化叢書》，於二〇二〇年影印出版。此輯面市以來，深受各大圖書館及相關研究者好評。爲讓更多的讀者親近古籍文獻，我們遴選出前編中的菁華，彙編成《海上絲綢之路基本文獻叢書》，以單行本影印出版，以饗讀者，以期爲讀者展現出一幅幅中外經濟文化交流的精美畫卷，爲海上絲綢之路的研究提供歷史借鑒，爲『二十一世紀海上絲綢之路』倡議構想的實踐做好歷史的詮釋和注脚，從而達到『以史爲鑒』『古爲今用』的目的。

凡例

一、本編注重史料的珍稀性，從《海上絲綢之路歷史文化叢書》中遴選出菁華，擬出版百册單行本。

二、本編所選之文獻，其編纂的年代下限至一九四九年。

三、本編排序無嚴格定式，所選之文獻篇幅以二百餘頁爲宜，以便讀者閱讀使用。

四、本編所選文獻，每種前皆注明版本、著者。

五、本編文獻皆爲影印，原始文本掃描之後經過修復處理，仍存原式，少數文獻由於原始底本欠佳，略有模糊之處，不影響閲讀使用。

六、本編原始底本非一時一地之出版物，原書裝幀、開本多有不同，本書彙編之後，統一爲十六開右翻本。

目録

海防纂要（四）

海防纂要（四）

卷八至卷十

〔明〕王在晉 撰

明萬曆四十一年刻本

海防纂要卷之八

黎陽王在晉明初甫纂

定武略

兵部尚書胡世寧云自古詰戎練武專備蠻夷盜賊蓋以二者皆能戕殺生靈傾覆廟社故爲此殺人以救人非得已也今境外四夷已有　祖訓不許輕伐先朝惟責邊將謹備其來而或近屯百里之外勢將入寇則先伐其謀耳自來不曾遠征至于邊境叛軍卽聽處決擒殺著律已明別無他議若民間盜起則宜查　累朝設立巡撫兵備　勑詞立爲定制務使

練兵足食一聞盜賊生發卽便舉兵撲滅於微一面奏聞及其旣久則宜撫捕兼行以散其脅從離其黨與而必殲其渠魁不許姑息若其一時失計稍有挫衂則當體念勝負兵家之常責圖後效以全功其若終無成功或先隱瞞坐視及有事地方等官或先爭權曲阻其事或後忌成陰毀其功者皆當重治誤事甚者卽照先年重例處之

鼓軍氣

都御史唐順之題云戰陣之所以精明與中國之所勝四夷者氣也而非甲兵之謂也 國家承平日久

文吏游談而養尊武臣恬嬉而寶身閒雅雍容之習成而慓慨果鋭之氣亦寖銷矣南倭北虜倏然内侵殆若昔人所謂氣炎以取之者賴 皇上天縱 神武赫然一怒誅逐偷惰拔用英奇文臣督師皆躬自臨戎有兎罝赳赳之氣自此倭虜不敢深入則氣之勝也以臣占於行陣之間猶有未盡然者臣視師東南備觀怯將情狀一聞賊戰如澆冷水顔色可憐縱不便走股已先慄雖亦未必盡然而然者固多矣至于倭賊渡洋談笑飲食若履平地而我將樓泊近峙日遇海風則頭捍目眩夜聞潮則耳聾心惕且夫倭

賊有過藐我將之氣而我將無必吞倭賊之氣則是未戰而索然也如此而望長驅海島掃清大憝臣猶以爲難也此氣在宇宙間磨礱而時用之則鮮明置之不用則黯無精光謂宜文臣督師時御戎服出入軍中發揚蹈厲以作武將之氣武臣大將遇有賊戰戎服出入陣中以作偏裨小校之氣偏裨小校遇有賊戰戎服先登以作士卒之氣而督師武將臨陣督戰間取潰校迸卒遵奉旗牌事例百萬軍中忽然斬却一二人以變士卒之耳目使我之氣日益精明則賊之氣自然銷沮此其言若迂濶而實勝敵之要機

也李光弼蒞軍而旌旗變色每戰必勝氣之謂也

處首級

都御史唐順之云鳥銃手不許割首級亦不暇割首級論賞與餘軍照數分給假如百人爲率或鳥銃手十名餘軍九十名鳥銃手居餘軍十分之一或餘軍内得一首級該銀三十兩則鳥銃手得銀亦十分之一共分銀三兩或鳥銃手五十名餘軍五十名鳥銃手居餘軍二分之一餘軍得一首級則鳥銃手亦得銀二分之一共分銀一十五兩人數搭得多寡分銀數多寡率照此例算

恤傷殘

巡撫都御史彭　巡按御史孫　等議云優恤軍屬律有正條隱蔽殺傷例有明禁今後各道并軍衛有司部下軍兵俱要從實開報陣亡官員給銀三十兩奏　請陞級他鄉客死者仍給關文陣亡民兵一名給銀五兩官軍一名給銀三兩被傷軍兵傷重者一兩傷輕者五錢被殺民人未埋者五錢已埋者三錢被傷未痊者一錢房燒盡絕十口以上者三兩十口以下者一兩五錢老小無依者五錢壯丁砍去蘆蒂者應納鹽課官為處補俱從兵備道呈請查給若有

隱蔽不報者從重究治督糧道仍將近者議免太倉嘉定上海崇明四州縣荒蕪田糧及民運白糙糧米議改折色數目出榜諭衆通知務禆民有實惠

調客兵

都御史章煥題云今治倭者無他調兵而已臣愚以爲非久計也小發之不足多發則用度不計久駐則老師廢財暫駐則兵散而賊復入且衆兵雜處爭隙易生壯健久曠奸盜自起故客兵協守惟都城塞下可以居之主客相當有所忌也江南民弱客兵所爲厓龐視之者也欲其不亂難矣淫婦女劫貨物殺良

民如是則客兵之亂與倭夷等前世調兵江南皆有明戒

又云調至土兵賊頗畏忌然亦獷得難馴夫以苗攻倭猶以毒攻毒不可輕用亦不可久用者也是在上醫國手劑量斟酌對病而攻病去即已今既無鼓舞之方復無調停之法事急則懸賞求之勢緩則厭棄置之求之則易驕棄之則生怨此調兵之制未定者也

廣團結

城外團結法間嘗廣詢博訪宜以二十家爲一團除

租房單丁外每一團令養客兵一名每家各設器械一併出人丁一丁以爲團兵凡二團四十餘家各出銀一錢造一巷門門上蓋一更鋪鋪內置鼓一面鑼一面鐵銃三口香盤一方就四十家每夜輪人夫二名守之居常無事止鳴鼓巡更一有寇警則本處即連放三銃四十團兵各執器械追截諸團皆應之其所養山東兵官嚴立法不許擅離本團騷擾團户每日有暇即教習本處團兵軍門復時時委官查省之責成之衆既以勢分而不得爲非團兵之布列者又以聯絡而相爲友助況一團有賊諸團應之四郊之

外固有隨地皆城隨民皆兵而大城屯守之卒將有
不必用者矣

降宣諭

倭夷諸島種類雖繁部落相聯亦有酋長衆所尊者
號曰天文其法最嚴其威懾衆一人爲盜一家盡滅
一島有犯隣島移平即奉令勘合以時來貢者彼中
故事每遇閏年則諸島富倭各出巳貲輸於天文請
得勘合方來入貢寔則貿還有無以牟厚利利權在
上天文所欲者後因海禁廢弛奸民通番殷實之倭
徑自貿易不請勘合利權下移天文所不樂者加之

徼賊王徐閩賊林陳輩假稱名號竊錄勘合妄具禮儀私通酋長遂至招呼益衆往來無稽天文所不知者此皆彼中情狀搏訪以實故本職在昔具呈題請許令省諭蓋嘗反覆思之審矣若須降　璽書特遣使命恐偶不敬反生事端若令琉球高麗就近傳宣事在彼中難於取必不如止行浙江巡撫得以便宜省諭當如永樂事例取高僧數人移文秉桴直至天文詳爲傳諭宣累　朝許貢之恩禁近來倭夷之擾發王徐之偽妝逬叛之民許修常貢操利權天文雖愚必知所擇蓋日本所需絲綿藥物器用之類悉

皆仰給中國不能缺者若或海禁皆嚴通番盡止彼日用不足勢必請貢惟命是從而我所欲爲亦無不遂此又拔本塞源之術也

詰奸細

吳郡生員陳恕云海夷譎詐奸計百出或裝做簑笠農夫或裝做巾帽婦女或裝做雲遊僧道或裝做乞丐餓夫探聽消息則如鬼如蜮剽掠村落則蟻聚蜂屯萬一不謹潛入城郭彼其內應噬臍無及爲今之計必須徧行所屬官司在城則逐戶挨查門禁則仔細盤詰出軍則尤宜探訪至於掌門之官亦要文武

相兼啓閉以時夙夜有警男子則由左女子則由右不相混淆毋容攙越我兵一出必遣伶俐健卒先行俾作探聽熟知賊之休息毋每寅夜貪淫嗜酒熟睡休兵耻視我兵不虞我至斯時也果能伏兵四起此其除奸滅寇之機也爲將官者所宜念之

重隣援

舉人王文祿云今當著爲合救之令若攻一省諸郡救之若攻一郡諸邑救之若攻一邑隣邑隣所救之正猶子弟之衛父兄手足之捍頭目保家保身而不可緩也夫所謂救之者非盡撤居守之兵以救之也

蓋每郡每邑每所抽其精者而救之則合少而成多也惟抽其精者而勵之以敢死之志歆之以信賞之榮或負砲夜偷或繞擊不意則寇腹背受敵驚潰莫支解散而不暇攻矣蓋城既被圍兵不能出以應敵必得隣境外兵始能救之不然坐待其斃也况東南郡邑有數唇亡齒寒竹破瓦解將安救哉必在位者調元氣倡大義震赫斯怒大爲之處凡有坐視而不救者與失陷同罪則庶乎衆志一而援助之廣可以望其平也已上俱籌海圖編

福建僉事王在晉云年來海波寧謐目間警息相聞

海洋寥邈豈無賊船竊發是在官兵極力巡邏一哨出洋各哨相爲聲援一船捕賊各船相爲羽翼彼寡我衆賊當就擒決無搶失之事今日之弊全在把總偷安惜身重命不躬行倡率孰肯奮勇爭先哨官畫地分疆苟安坐視聊且塞責便可邀功或見賊不追追之不力後有追而前不應彼有戰而此不知各捕出洋前後參差不相爲絡繹聲勢既孤應援不接如一人之身手足不交相爲用安能禦敵却侮率由此道遇警何以收功今照海壇信地被賊搶失鐵頭船一隻據稱賊船三四隻每隻約有百人此豈一捕盜

所能捍禦者該遊豈無兵衆可堪盡發協攻今不聞殺一賊獲一械而兵船反爲搶去蓋當時只聞捕盜奮勇抵敵勢寡膽寒逡巡畏縮力必不支船兵俱各跳水而船爲賊所擄矣哨官雖統衆窮追而至今尚無下落把總直待墩軍瞭報本遊兵船掛旗出洋方始知之一身高擁全不加意不知寨遊設兵爲何募兵設總爲何有官若此地方奚賴焉軍令具在總哨畏賊不畏法耶除失事員役俟查有無追獲另行參究一面通行各路及各海防官嚴飭無使賊假兵船混突寨遊內地用心防範外伏念春汛正殷而人心

偷安誤事仰仗軍令重申振懦作氣如一船失事罪及一哨一哨失事罪及該總賊船經由地方不能協力追擊者通行查究獲賊報功從重優賞有托言霧黑不能窮追任賊縱橫得志者卽以失事坐罪其各路警急報仍令塘兵飛遞不許經由舖司則警息相聞而調度爲便矣

別號色

南北中三路各寨兵船旗號原奉約法開載無容別議外惟南鳥船原爲雜商誘賊賊明知而故避於追擊未便也今施遊擊有不可使人知之説欲假借附

近澳名大書蓬號以愚賊其究使兵船混而賊不我
防商船疑而賊不敢犯出奇攻擊此權變之術也但
倭巳換去鳥船儻其倣造或借商艘卒然混至我兵
稽察爲難則陽爲無所別而陰自別之先事制人尤
爲長便合將三路寨遊出哨南鳥船行令各總自爲
識認或船頭船尾船身立一暗號使通總之人知之
而蓬號則借附近澳名混雜商船中出其不意以擊
賊使賊不爲隄備至于各寨遊鳥船劄營會哨號帶
亦不可少倣照約法五方分爲五色烽火用黑嵛臺
貳遊如之小埕用黃海壇遊如之南日用藍湄洲遊

如之浯嶼用白浯銅彭湖遊如之銅山用紅南澳遊
如之號帶可收可放如雜商誘賊除去號帶其寨遊
鳥船在外洋相遇各製白旗一面相爲照應旗方四
尺内書某寨某遊二字白地黑字易于瞭望而旗帶
一條則照本船色分别遇夜桅上列燈五盞儻霧色
昏黑難辨連放火炮五箇仍掌號五聲以爲暗號如
晝無旗夜無燈霧黑無炮號者即爲歹船務要稽查
協力攻擊蓋各寨遊以兵船爲正兵而以南鳥船爲
奇兵奇正相生機權互用自爲認識分澳書蓬則各
總之所異製旗點燈放炮掌號則各總之所同事屬

便易可通行遵照仍行各海防把總官嚴禁各澳商漁船隻值汛期不許遠出大洋混亂瞭望違者獲解處治

寬勦除

聞得某等通倭且又委爲賊黨蔣賊勾倭入寇據擒賊黄克强許耀供執甚明内地之生此輩真海邦之大蠹也即按法族誅以雪生靈之憤亦不爲過顧賊之本身向在倭中卒不可致而徒索其家族百千丁寘之三尺則賊之構怨益深而將來之勾引必廣絕其鄉土之思甚其報復之念癰潰固不可收而割之

則其害更烈不可不深長慮者但其黨向已著聞而黠賊纔爲敗露彼亦知中土之不能容則或勾連家屬下海此爲理之所有仍咨令海防官及同安知縣細訪各賊有無父母妻子的親瓜葛防其背地下海挈衆入倭目前可否發覺從長討議蔣時亨所受之貨或出雠口妄扳亦未可知并令咨訪其事果確另揭報聞以候裁奪

恤陣亡

通查刊書徃牒賞功有條罰罪有等功令昭然可考鏡焉獨於優恤死亡一節似屬諦言略而弗備夫兩

兵既接寧必無傷百勝之師誰能不敗功成論賞生則蒙休死難瞑目一草一木尚當軫念況人之生命乎三月用兵互有勝負仰藉皇天錫祜疆場萬全獲醜獻俘威靈頗振然鋒鏑橫加瘡痍踵繼七尺化爲魚鱉一死等於鴻毛海天遼廓嗟裹革之無從異土沉淪喟首丘之莫遂怒濤激浪苦雨淒風飄渺遊魂悠然無屬莫非王事盡是生靈本道代署以來急急於傷亡之軫念已經關行各道嚴查損失船兵將發汛名冊挨查凡係陣亡者盡數開報以憑類詳去後今查二十六年事例軍兵陣亡者除每名給恤仍懸

扁其門優免雜差一丁此往例之可尋者也至於衛所死敵軍丁紛紛弟男告繼府衛或拘攣成例不即准補夫軍丁不宜虛伍恤死尤當破格各軍戶下有精壯親丁者當即准其補役造糧如係幼丁亦應照三斗優恤間有戶無親丁幼養兒男親女贅婿舉家老幼相依爲命而本人願充軍伍者查係精壯似應亦得推恩又如金門所軍黃某原係子代父名貼駕子亡而本軍見在應令歸伍食糧各寨遊凡有損失軍兵者准予事故兵糧內支銀伍兩備設祭禮本把總躬行致祭以慰幽靈蓋各兵死事不得沾尺寸之

恩而本院奉天明命意指足以動百靈令行自上即爲恩典亦報死勵生之一事也已上俱蘭江集

廣招賞

兵部尚書楊一清云招諭境内軍民舍餘寄住人等但有膂力過人膽氣出衆騎射之外習學拳棒鎗刀撾箠鞭簡但有一藝在身一長可取及雖無技能而乖覺伶俐善窺探事情能出入賊羣不怕生死者俱各報名在官審實仍令親屬里老鄰佑保管無妻子者量爲安插養贍免其本身差徭擇其尤者立爲總甲不拘名數編成小隊伍官給器械令其尋襲追賊

殺寇其有頗通書史粗知術數縱橫詭秘機略變幻之人即便致之幕下待以殊禮使之察向背觀事變隨宜委用勿令遺逸在野若仕宦子弟及經過客商人等情願自備鞍馬出力拏賊報効者皆須留用明立賞格不拘何項人役但能擒獲斬獲眞正賊盜名顆者隨即照賞數人併力擒斬亦於賞銀數內別其首從分給其爲首運謀及獲功數多者照例論功或陞授世襲軍職塡註管軍事或給與散官冠帶榮身若舉人監生省祭官生員吏典等項能督率家人子弟親戚人等擒斬賊犯不願從軍功例陞職舉人監

生省祭官起送吏部就行選用生員准令入監吏典免其辦事當該就與冠帶省祭手下之人仍照例陞賞俱至賊情寧息之日停止先年曾犯竊盜掏摸喇唬賭博等項人等願報効者亦各不究既往一體收錄有功照例給賞如此既以成我討賊之功又以塞彼從賊之志而賊知我收納一方之人其勢自孤其氣自沮弄兵項刻誠不足慮矣仍先告諭此係暫時招集應用賊情寧息之日隨即遣散務農生理更不拘留以為常役庶幾人心樂從

先整備

尚書楊一清云一各處地方城池坍塌武備廢弛軍不識戰鬭官不識教習以爲常事故一旦遇賊茫然無備束手受害其未經殘害之處亦復如是恐尚未知警策宜急行各該巡撫嚴督盜賊未至地方及時修理城垣挑濬濠塹整備器械嚴行哨探積糧以待用練卒以蓄威以無事視有事庶幾倉卒不致失措矣已上俱疏鈔

倡勇敢

蘇軾策云臣聞戰以勇爲主以氣爲決天子無皆勇之將而將軍無皆敢之士是故致勇有術致勇莫先

乎倡倡莫善乎私此二者兵之微權英雄豪傑之士所以陰用而不言於人而人亦莫之識也臣請得以備言之夫倡者何也氣之先也有人人之勇怯有三軍之勇怯人人而較之則勇怯之相去若莛與楹至於三軍之勇怯則一也出於反覆之間而差於毫釐之際故其權在將與君人固有暴猛獸而不操兵出入於白刃之中而色不變者有見虺蜴而却走聞鍾鼓之聲而戰慄者是勇怯之不齊至於如此然閭閻之小民爭鬬戲笑卒然之間而或至於殺人當其發也其心翻然其色勃然若不可以已者雖天下之勇

夫無以過之及其退而思其身顧其妻子未始不惻然悔也此非必勇者也氣之所乘則奪其性而忘其故故古之善用兵者用其翻然勃然於未悔之間而其不善者沮其翻然勃然之心而開其自悔之意則是不戰而先自敗也故曰致勇有術致勇莫先乎倡均是人也皆食其食皆任其事天下有急而有一人焉奮而爭先而致其死則翻然者衆矣弓矢相及劍楯相交勝負之勢未有所決而三軍之士屬目於一夫之先登則勃然者相繼矣天下之大可以名劫也三軍之衆可以氣使也諺曰一人善射百夫決拾苟

有以發之及其翻然勃然之間而用其鋒是之謂倡倡莫善乎私天下之人怯者居其一是勇者難得也捐其妻子棄其身以蹈白刃是勇者難能也以難得之人行難能之事此必有難報之恩者矣天子必有所私之將將軍必有所私之士視其勇者而陰厚之人之有異材者雖未有功而其心莫不自異自異而上不異之則緩急不可以望其爲倡故凡緩急而肯爲倡者必其上之所異也　經濟類編

議徵集

巡江御史邵惟中上言倭寇薄通州攻圍未解餘衆

自狼山轉掠瀕江諸郡縣而瓜儀爲留都門戶鎮常乃漕運咽喉不可視爲緩圖宜大集客兵嚴勑諸臣協心戮力共靖其亂下兵部覆題倭自入犯以來未有偏浙之東西江之南北如今日者縱使地方多兵而分授防禦不無顧此失彼之患徵兵應援實不容已日者御史趙孔昭乞援已議令徵集湖廣土舍永順夷兵并山東河南廣東打手毛胡盧等兵共六枝俱赴浙直軍門聽用今再議選河南雕陳及山東八衞兵陝西延綏兵徐沛募兵勑遣才望大臣一人總督前去以爲犄角保障留都　上然之肅皇大謨

行保甲

工部尚書馬坤等題欲將土著之人各就一鄉編入保甲盡歸團練五人爲伍十人爲甲五十人爲保上下聯絡委各府州縣佐貳官賢能者不時就其一鄉團兵閱其武藝又因而稽其人丁如有潛入賊中勾引或探聽者坐罪若有隱弊互相連坐 籌海圖編

先年倭患皆起私通各處鑛徒多由窩引若内無勾引則外難闌入今欲絶盜萌莫先詰盜詰盜之法無過保甲府州縣正官查照原行保甲之法不問山鄉海陬城村市鎮去處官吏生徒舉監之家務逐戸挨

查每十家編爲一甲立一甲長十甲編爲一保立一保長甲長管十家保長管百家數不及者就近隨數附編每家各辦本等器械置一小牌將本家丁口盡數開報如巳房或賃房并保甲長與上甲之尾下甲之首姓名一一塡註懸掛門首保甲長與各甲民人時常譏察如今日某家多一丁卽究其來歷以防窩藏某家少一丁卽查其向往以防竊劫若有遠出不歸或假名走廣下海私通窩引流徒盜鑛覬利者許甲內人首官拏治申請給賞容隱不舉十家連坐若能自首或親屬首者俱准免罪

辨眞僞

眞倭僞夷往多混報眞倭頂心顱門皆禿類匏立而盂跪而拴拜而伏皮肉緊縮僞夷雖禿而髮隱隱類僧坐而食利必匿險必避若不辨明非惟功賞不實亦多戕害人命往領官兵有將被擄避回或漁商平人及避難鄉民假稱奸細妄殺報功深可痛恨除通通行嚴禁外今後海上報捷聽該道詳加勘驗如果頂心顱門無髮及皮肉緊縮者方爲眞倭首級轉送紀驗其詐冒無據者卽究明坐以故殺抵償至於指稱奸細妄殺報功者尤易見蓋奸細必潛形夜伏或

假扮鄉民混入懼詰數不能多旣巳覺露可縛而至非臨陣血戰者比何用斬首以後姧細止許生擒不許殺害違者一體抵罪巳上俱都御史溫純練兵檄

撫歸降

漕運都御史鄭曉奏倭寇類多中國人其間有勇力智謀者可用每苦資身無策遂甘心從賊爲之嚮導若不蚤圖區處必爲腹心憂乞命各巡撫官於軍民白衣中每歲查舉勇力智謀者十數人與以義勇名色月給食米一石令其無事則率人捕盜有事則領兵殺賊立有功勞量議官職奏請陞授如此則悍卒

漸受條寵不惟中國之人不爲賊用異日且有將材出于其間今從賊者宜出榜諭許令歸降遣還故土有擒斬賊徒者如例給賞才力可用者立功贖罪俟有勞績亦與敘遷不然數年後或有如盧循孫恩黄巢王仙芝者益至滋蔓難撲滅矣 兩朝憲章錄

愼征討

皇明祖訓云四方諸夷皆限山隔海僻在一隅得其地不足以供給得其民不足以使令若其自不揣量來撓我邊則彼爲不祥彼旣不爲中國患而我興兵輕伐亦不祥也吾恐後世子孫倚中國富强貪一時

戰功無故興兵致傷人命切記不可但胡戎與西北邊境互相密邇累世戰爭必選將練兵時謹備之

嚴哨探

副使劉　曰軍機重務偵探爲先海洋遼遠傳報責的況狡寇乘潮往來我兵截勦策應全在烽燧不愆警報及時及訪得各路官兵率多玩寇喜功虛聲邀賞或駕空勦說搖兀衆心或捉風捕影妄傳警報或縱賊已過而云窮追不及或臨敵退縮而云風阻不前或忌隣境成功不行策應或攘他區功次先報捷音一警衆咻各報互異至有殺漁樵以報虛功縱眞

寇而不以聞者邇來本道總叅戒諭雖嚴而舊套未改故違法紀干犯軍機相應嚴加申飭合行各該將領等官務要親督兵船遠出外洋往來哨探遇有賊船經由信地即許從實飛報某處賊船幾隻大約賊有幾何傳報隣境分投防禦火速應援一面急督官兵相機夾勦務要殄除盡絶以靖地方止許先報本道及總叅衙門覈實轉報其把總哨官不得虛張越報若賊未近境尤不許望風先報亂人耳目致人疑信至於遠哨兵船見賊即當馳報又不可限定信地致悞機宜若賊由信地及在海洋搶擄漁船相應飛

報而隱匿不報者查參重究處以軍法庶事體歸一邊報足憑緩急勸守之間自有曲中之策矣海防類考

設城舖

大明令凡各處城樓窩舖腹裏有軍城池每二十丈置一舖邊境城池每十丈置一舖其總兵官隨機應變增置者不在此限無軍處所有司自行設置常加點視毋致踈漏損壞提調官任滿得代相沿交割違者治罪

謹更寨

兵出不意乘夜偷營者詭敵之常往往倭之入犯而

船兵失於防範者皆由乘夜掩我不備一船失事萬衆風奔以故夜防猶宜加謹脫使假寐偷安關係匪細以後遇夜各船捕盜先定輪值更次各兵姓名粘貼艙口聽放靜砲後秪更各兵必高立船面頭尾目必外視遠洋心無內顧他物手則下下着實敲梆儻有船隻或木植竹筏草木束物黑片浮來即高叫何船細聽鄉音辨察何物如無詐僞即令離艅遠泊以杜奸宄如能認緝實跡拏獲奸細者從重加賞如或賊近而不知查寐而不覺致悞機事者即以軍法處治

密搜邏

倭船深入其心必恐隱伏深避其情必然且逢山取水又勢之所必至者或乘昏夜藏匿山灣或因晨發乘我不備若不嚴加搜邏彼伏我怠不但失賊處所抑且可乘我不意其患最大此搜山之法最爲要着如申酉之交及辰卯之際各船務要整捌兵器時如對敵在處山嶴凡可泊船之處嚴加搜邏以戒不虞敢有虛應故事致悮軍機者悉以軍法重處

期共濟

將識兵情兵識將意謂之上下一心惟上下一心則

必成功上下乖離必致僨事況舟師又與陸兵不同一舟之人如同一家捕舵什兵又如家之父兄子弟父兄子弟和氣孝友則家道必成外侮可禦若父兄子弟自相戕賊不特家道無成人將侮之矣況捕舵什兵同舟共濟平時若有不和未有臨事而能得死力者官兵遠出外洋其間不無風寒暑濕疾病之虞小恙則可本船調治重疾在船更多不便既不許擅離又不得醫治是見死而不救非死生相依之道今後如有船兵染患病重者許扶至附近本港宮廟暫住令該營醫生調治痊日就于本兵月餉內酌量扣

償藥餌之費其有物故者即令該船爲之殮埋汛畢該總哨詢其有家者使其扶柩歸葬故山無家者該管呈報本司少示恤典各該總哨捕者平時務要士卒甘苦相共一遇有警亦必親冒矢石分糧裹餱以盡爲將爲頭目之分毋得自分秦越即隣境有急更須星馳應援彼此夾攻唇齒相衛毋得觀望悞事且官捕視什兵如手足則什長亦視官捕如頭目上之視下如子弟而下之視上如父兄平時疾病相扶甘苦相共而至臨敵危難之際什兵有不致身用命者我得按法而治之彼復何憾所謂將識兵情士識將

意此也巳後敢有故違前訓在上不恤士卒在下玩愒偷安不奉約束者輕則徑行責治重則解來治以軍法

嚴伏路

東南夷之最狡獪者莫如倭使官兵備禦少踈未有不墮其術中者大寇則百十成䑸防禦或易小盜則踪跡詭秘偵探恒難蓋彼一入我境必棄其原船劫我漁舟變形易服掠我商人白衣摇櫓漫難識辨致被戕害往往官兵不覺地方失事多由於此若不嚴加伏路認識旗號則狡獪之奸豈易防也况防倭于

晝易防倭于夜難防大䑸之賊易防零星之小寇難
故伏路之船不可不慎也今後各該信地每夜于衝
要港口輪撥唬船二隻設伏凡遇一應往來船隻即
便盤詰其情形可疑者不特驗其船面之網罟尤須
詰其艙內之漁人苐恐倭奴脅令被擄唐人在上執
繚掌舵而賊隱伏艙下愚我耳目使不為防須刻之
間流突大䑸悞事匪細必須嚴諭伏路捕舵督率各
兵環甲荷戈即如對敵不許一人偷惰時常盤詰往
來船隻的確無弊須令遠泊港外次早放行毋容近
䑸僨事若遇真正賊船即舉火張燈連放起火三枝

爲號以便接應追勦因而收功伏路捕兵即與衝鋒者同賞如有踈虞致賊漏遁失悞事機伏路捕兵與臨陣退縮者同律已上俱備倭紀略

審寇術

倭夷慣爲蝴蝶陣臨陣以揮扇爲號一人揮扇衆皆舞刀而起向空揮霍我兵倉皇仰首則從下砍來又爲長蛇陣前耀百脚旗以次魚貫而行最强爲鋒最强爲殿中皆勇怯相參賊每日鷄鳴起蟠地會食食畢夷酋據高坐衆皆聽令挾冊展視今日劫某處某爲長某爲隊隊不過三十人每隊相去一二里吹海

螺爲號相聞即合救援亦有二三人一隊者舞刀橫
行薄暮即返各獻其所劫財物毋敢匿夷酋較其多
寡而贏縮之毋擄婦女夜必酒色酣睡劫掠將終縱
之以焚烟熖燭天人方畏其酷裂而賊則抽去矣愚
紿我民勿使邀擊專用此術賊至民間遇酒饌先令
我民嘗之然後飲食恐設毒也行衢陌間不入委巷
設恐伏也不沿城而行恐城上拋磚石也其行必单
列而長緩步而整故占數十里莫能近馳數十日不
爲勞布陣必四分五裂故能圍對營必先遣一二人
跳躍而蹲伏故能空竭吾之矢石火砲衝陣必伺人

先動動而後突入故乘勝長驅戳酣必四面伏起突遶陣後故令我軍驚潰每用怪術若結羊驅婦之類當先以駭觀故吾目眩而彼械乘慣雙刀上誑而下反掠故難格鈀鎗不露竿突忽而擲故不測弓長矢巨近人則發之故射命中斂跡者其進取也張揚者其逃遁也故常橫破舟以示遁而突出金山之圍造竹梯以示攻而旋有勝山之去將野逸則逼城欲陸走則取艀或爲穽以詐坑或結稻桿以絆奔或種竹簽以刺逸常以玉帛金銀婦女爲餌故能誘引吾軍之進陷而樂爲吾軍之邀追俘虜必開塘而結舌莫

辨其非倭故歸路絕恩施附巢之居民故虛實洞知賞豐降擄之工匠故器械易具細作用吾人故盤詰難向導用吾人故退熟宿食必破壁而處乘高而瞭故襲取無機間常一被重圍矣餌以僞鹹而逸之或披蓑頂笠沮溺於田畝或雲巾紵履蕩遊於都市故使我軍士或愚而投賊或疑而殺良江海之戰本非其所長亦能聯虛舟張弱篾以空發吾之先鋒娟婦女遺金帛以弭退吾之後逐凡舟之裙墻左右悉裹布帛被褥而濕之以拒焚擊交鬨間或附蓬而飛越即雷震而風靡矣寇擄我民引路取水早暮出入按

籍呼名每處爲簿一扇登寫姓名分班點閘眞倭甚少不過數十人爲前鋒寇還島皆云做客回矣凡被我兵擒殺者隱而不宣其鄰不知猶然稱賀

倭奴之勝我兵專以術也即以其術還治其人不必用古法蔑不勝矣

辨船器

日本造船與中國異必用大木取方相思合縫不使鐵釘惟聯鐵片不使麻筋桐油惟以草塞罅漏而已名短水草費功甚多費材甚大非大力量未易造也凡寇中國者皆其島貧人向來所傳倭國造船千百隻皆虛誑耳其大者容三百人中者一二百人小者四五

十人或七八十人其形卑隘遇巨艦難於仰攻苦於犁沉故廣福船皆其所畏而廣船旁陡如垣尤其所畏者也其底平不能破浪其布帆懸於桅之正中不似中國之偏桅帆常活不似中國之定惟使順風若遇無風逆風皆倒桅盪櫓不能轉戧故倭船過洋非月餘不可今若易然者乃福廣沿海奸民買舟於外海貼造重底渡之而來其船底尖能破浪不畏橫風鬭風行使便易數日即至也

凡倭船之來每人帶水四百斤約八百碗每日用水六碗極其愛惜常防匱乏也水味不同海水鹹不可

食食令人泄故彼國開洋必與五島取水將近中國過下八山陳錢之類必停船換水所以欲換者冬寒稍可耐久若五六月蓄之桶中二三日即壞雖甚清冽不能過數日也海洋浩渺風濤叵測程不可計遇山而汲亦其勢耳盥頮沐浴海水山水亦可用或云浴海水令人膚裂近訪之不然但黑肌膚而已倭奴有一秘法煮泉一二沸置之缸瓮能令宿而不壞然亦不過半月久用不能也其至普陀必登者非換水亦非真欲焚香乃覘兵防虛實耳。

倭刀大小長短不同立名亦異每人有一長刀謂之

於

佩刀其刀上又插一小刀以便雜用又一刺刀長尺者謂之解手刀長尺餘者謂之急拔亦刺刀之類此三者乃隨身必用者也其大而長柄者乃擺導所用可以殺人謂之先導其以皮條綴刀鞘佩之於肩或執之於手乃隨後所用謂之大制又有小裁紙設機刀出長門號兼常者最嘉又有作贄禮賀禮不拘大小名雖爲刀其實無用

刀有高下技有工拙倭之富者不恡重價而制之廣延高師而學之其貧者所操不過下等刀耳善運刀者在前衝鋒可畏頗有限也中國人望之輒

畏而避焉擒獲夷刀亦莫辨高下混給兵士故志
之巳上俱登壇必究

禁通番

愚惟夷狄之慕中國猶中國之慕十洲三島而其慕
中國之子女玉帛也猶中國之慕瓊林大盈之積也
惟其無路可通無人可引是以終其身不到焉不取
焉有如招之使來導之使前而禍且立致矣先年海
禁少弛遂有王直葉宗滿等之廣東造巨艦將違禁
物抵日本往來互市致富不貲遂招納亡命徐海陳
東等勾倭劫掠流毒乃滋甚此往事之足鑒者邇如

辛丑年閩廣中倭于時本職代攝巡海所擒馘之倭爲閩人某之部落皆中國之亡命也故閩人勾倭如皷之應桴影之逐形呼吸相通靡不還至而立驗者今不意閩人舍海澄月港之故道而乃假道于浙爲入倭之門戶也由浙入倭便于置貨又便于乘風舍彼就此最爲直捷夫蛟川爲倭入貢之路倭每飯不能忘年來因禁絕勾引不知路境是以逡巡不敢犯此肄一開則倭之爲患不遠矣計通倭之船未有不由港門而出則未有不通同守把官兵而得揚舲下海者通倭之船未有不由本地打造則未有不托勢

豪而敢糾伴結夥者通倭之船未有不假各衙門印信牌票批单則未有不先請乞爲獲身執照者近有持書乞船批往溫州販載被本道呵叱其僕而歸原呈具在此非下海之執照乎夫艙艚烏尾船隻明爲下海入洋之具喚工打造非旬日之可成停泊河港招搖耳目而地方不之詰官司不之禁偷度關津守者不之覺帆檣出海總哨不之追蓋用厚利爲結納而藉強力爲遮護其故難言之矣趨利附勢而不以法繩之則官不能與勢利爭按法繩下而不以死惕之則法亦不能與勢利爭通番之律甚輕其獲利也

十倍而其觸禁也罪止於杖有重利以作之趨無重刑以使之懼法輕易犯非重加遣戍沿海之奸何繇知戢乎造船必有船匠造違禁之船者罪坐匠工僱船必有船戶載違禁之貨者罪坐船主寫船必有船埠攬違禁之商者罪坐埠頭則牙匠皆知所惕矣奸商造船里甲排隣不首者罪及地方經過關津私自放行者罪及關吏出由河港受賄縱脫者罪及守把則官民皆知所惕矣販賣異樣段疋及氈毯絲綿等物鋪戶知情不覺發者罪及各行歇家牙儈知情不檢舉者罪及牙歇則商鋪皆知所惕矣夫閩商入浙

浙貨入閩此商途貿易之常勢不能遏然入閩自有大關小關正路舍嚴衢而由寧紹台溫其爲海販明矣近議欲于西興關官爲驗票恐地棍藉名需索不如責令杭城沿江一帶船埠凡閩商載貨路由嚴衢者方許遝發若渡江而東必報官稽覈北新關稅票當風汛之月閩商販段百疋絲綿數百斤及有氊條布疋等件有似通番貨物者即着本關委官報府查其去嚮若委官不報船埠不首而或從定海等關盤出委官劣處埠頭船戶問罪其照常時月不必稽查此亦法之可行者也至于奸商假託勢豪蔦地通販

人情重于發難須著府縣正官總捕海防官及叅遊等官細偵密訪果有隱奸卽密揭報院拏究恐耳目難周廉訪不及更責成于刑廳多方體察得情不時飛報凡遇　撫院出汛及按鹽二院巡行同地方訪犯一并開遞如本處有通販之奸而地方官不及覺詧至于敗露則親臨官長俱有不得辭其責者儻商船至彼縱放出洋罪在叅遊總哨一體議處著爲功令則有官守者不得漫常視之矣再照閩船不入浙浙船不入閩俱限溫福分界沙埕地方換船此向來通行之禁也五月六月正發船通番之候有違禁越

界之船即將其船入官凡係閩中載木貨大船盡行收入定海不許出洋閩船不入浙船不出茫茫大涯豈一葦之可杭而華夷之路絶矣其沿海縣分行令正官編令保甲溫台寧紹杭嘉六府沿江近海船埠船匠俱籍名報官如有打造異船及裝載奸商貨物者一一根究沙民及漁民業海者各船頭目開報姓名塡寫官旗船票明開某處採捕限日回銷止許駕使艚綱黄家塘白艕香挑漁喇小船于近海生理不得遠出大洋搭廠久居絶島若南漁山釣船輳集經冬久泊悉從嚴革凡各衙門船批牌票及鄉符等項

不許輕狥請求混給一應入海船隻擅用鄉官牌額旗號并以旗號燈籠估塗繫箭者盡行逆斥官兵得賄賣放以軍法綑打坐贓科罪問革其通倭應得之罪伏候專　題改從重律則海上亡命有不潛消異志者哉至于通番各犯流入倭中睥睨覬望覓之或可望其歸來急之當益堅其遠竄閩之逋賊終不蹂躪泉屬者以其父兄宗族在也往歲有抄没之議有言其不可者止之今亦數年不爲閩患以王直之跳梁而終納欵軍前誘之以付法吏蓋亦厚念其母妻子弟不恤延頸受誅今各犯親丁家屬須嚴加防範

毋使縱逸明年春汛更虞勾倭襲取城守之具倍宜加謹彼果悔禍來歸則當待以不死開自新之路消勾引之萌法令申嚴期于必行必信則海氛自息而東南半壁可保百年無事矣

浙與倭隣剣床可慮林濤以十月初五日開洋十二日直達彼當冬汛尚爾飄搖矧春汛乘風更虞迅速往時閩船不入浙界故臨汛易于稽防今雖三令五申而透漏如故定海關外船隻混淆商販莫辨此可不嚴界限乎香船例不稅驗而奸販托名進香儘多私載以普陀爲寄寓此可不嚴稽覈乎督稅有官而

任關覇之把持憑埠頭之買放汪主簿之查驗豈無異貨捕役之追回豈是原船此可不嚴究詰乎杭城之貨專待閩商市井之牙勾同奸賈捏名報稅私漏出洋此可不嚴入官之禁乎擅造通番大船地方不報官司不聞差役通同里甲隱蔽此可不嚴連坐之法乎內地造船必由港門而出各港俱為官兵汛地扼其險阻豈能飛越此可不嚴守把之令乎普陀一帶為入倭要路商船入倭多由官兵賣放謹其防閑勤于哨探此可不擇總哨之官乎夫倭大有欲于中國然猶睥睨而不即發者非眞畏 中國之兵也

淼茫天塹苦于無船今奸商各船而往併船而歸倭固有其船矣前驅嚮導苦于無人今奸商覓利則來而復往虧本則往而不歸倭固有其人矣火藥箭銃苦于無具今絲綿紬絹可帶則硝磺銅鐵亦可帶倭固有其器矣彼方利我之玉帛而吾以玉帛導之彼方窺我之虛實而我以虛實告之鼓之舞之者奸商也奸商衆則海賊繁入倭爲商遇商爲賊在海爲賊入內地爲倭海賊繁而倭必至亂必作其究則由奸商通販始嘉靖間海禁少弛而宋素卿王直徐海等勾倭作難蹂躪我內地虔劉我人民還至而立有效

令一歲而獲通倭者三聞閩寧各路有三四十船下海網巾雲履等物靡所不售髡奴效法唐人鱗介易我衣裳時事儘堪蒿目輿言太息幾于談虎而色變矣今欲嚴通番之禁必明揭條例昭告于人庶借本之大戶盡知愛惜其貲財影射之奸豪咸思保全其氏族涉海之僇民併圖顧恤其身軀防守之兵戎亦思謹嚴其節制其間用法雖浮于律而原情實符于例蓋戢禍止亂必期法重而民畏借數十人以行法而海濱無盡之生靈所活不知幾千萬億也此今日防海之亟圖所當請　命于　朝者若夫善後弘遠

之猷則有院臺之主裁擘畫在矣已上俱越鐫

閩與倭隣聲聞悉達沿海無賴往往勾倭行劫甘心嚮導其家屬宗黨明知故隱而陰厚藉以爲利地方家甲懼害通容甚則接濟以爲奸一人造孽毒流中土濱海騷然今歲其尤甚焉則以連坐之法不行故勾引之奸益肆僇民無憚奚事不爲查得大明律例一款凡沿海去處潛通海賊同謀結聚及爲嚮導劫掠良民者正犯比照謀叛已行律處斬仍梟首示衆全家發邊衛充軍又查全閩約法開載一家通倭接濟潛爲不軌澳甲總甲甲長同家甲人等具實報官

將本犯處以極刑財產藉沒全給充賞敢有容隱被
他人首發及官兵緝拏者家甲連坐澳甲總甲甲長
另行重處縣官奉行不力亦卽查叅住俸事干勢豪
阻撓一體叅究遵行已久但用法者因循姑息養奸
貽患長此安窮合無申明律法嚴行禁約一人通倭
一家竝坐一家通倭家甲竝坐凡地方容隱及勢豪
阻撓者一體究罪及查今歲海寇猖獗沿海漁民輙
爲擒獲應敵軍兵或有陷賊不死者一入倭中便爲
役使事出無已情屬可矜儻能乘間迸歸卽爲良民
縱使從賊數載一旦改圖奔還中土仍許自新被虜

軍兵其家雖已議恤但能歸國優恤之銀免追失事之罪勿論如遇泛海歸來哨邏官兵遞送所在官司審明發回本鄉以安生業有能偵探倭情的實來報者給賞敢有從倭侵犯被官軍擒獲或係賊黨供稱有據家屬並罪其有賊首勾連海寇爲其鄉導殺掠良民者全家比謀叛論盡法處治則內賊聞風知戢不至蔓延流毒矣蘭江集

番人潛住內地窺我虛實漸誠不可長也然番豈能自來不有內主而外勾之人乎甚者仕宦富豪之家假貸無藉始而以重利餌之既而以虛辭縻之餌之

則來而日多靡之則怨而生變是交通之爲也而交
通之禁不可不嚴矣漳泉之間小醜構釁如吳雙引
葉目新之流漸尤不可長也然彼豈獨非人得無有
積習而輕視之心乎自儇變以來漳人多爲盜魁而
漏網黠者因之以惑人愚者憑之而妄念以爲舉事
未必其大害而入海或足以偷生則姑息之過也而
姑息之政不可以復施矣人情大端不出利害有所
以利之而無所以害之則何事而不可爲故兩釁者
異流而同出一源者也今惟以其所害而奪其所利
彼知有利焉而不能勝其害也則孰與爲不善哉王

福建巡撫丁繼嗣題稱欲絕勾引必清海販欲清海販必先自勢豪之家有犯必處之重典其議請申飭連坐之法一曰責成澳甲沿海縣分挨次編爲保甲凡船埠船匠籍名在官如有異船異貨拏獲一家有罪十家連坐二曰責成縣官凡造某樣船隻往何處俠買某樣貨往何處賣縣官若能詢訪誰不吐露如能擒獲販船者獎賞課薦如有該縣販船別處擒獲者以不職連坐年終照次數降斥三曰責成官兵沿海寨遊拏獲船貨千兩以外照律給賞三分之一百兩

以外盡數充賞遇缺超補叅遊以下敘錄有差如或受賄賣放各寨拏獲汛守兵究革叅罰四曰責成各道沿海延袤二千餘里互相推諉策應何及今漳州責守道泉州責巡道興化屬福寧守道福州屬兵道福寧州屬福寧巡道春冬二汛親巡海上選將練兵造船製器一切防禦不許推諉若各道緝獲販徒該道初次紀過再則聽叅自能覺發擒獲多次者特舉超擢沒官贓物除充賞外聽部議處濟邊萬曆四十年題准

兵部覆議凡泛大洋而出者奸人也所畏不在戍今天下擬戍者一到戍所未有不縱而歸既戍而歸猶

之乎民耳而復踵所欲爲亂之生也何日之有應行各衛掌印管軍員役凡有軍犯到衛務要照例取具的保收伍該道不時稽查如有用賄骫法縱令迸回者該管員役及窩藏之家俱照賣放窩藏律問擬其本犯仍照例從重擬罪庶法紀明而奸頑知畏矣萬曆四十年題准

海防纂要卷之八　下　終

海防纂要卷之九

黎陽王在晉明初甫纂

紀捷

望海堝之捷

永樂十七年倭船入王家山島傳烽至總督劉江率精兵疾馳入望海堝明日倭數千人分乘二十艘直抵馬雄島圍望海堝江發伏出戰遣奇兵伏山下斷其歸路倭奔入櫻桃園公合圍斬首七百四十二捕生八百五十七自是倭大創迄今不敢犯遼東召封廣寧伯 吾學編

王江涇之捷 嘉靖三十四年四月

國家地廣治極文褆武嬉海壖姦商乘時盜販因緣忿怒轉爲寇賊民不覯兵爲日既久望風奔潰莫之誰何賊既連得利内附外連聲應氣合徒黨滋蔓動以數千萬計又善用兵能以少爲衆所徵四方材勇僙伎武力之士卒殲其手勢若烈火燄燄狁焉思啓蓋自壬子春更癸丑甲寅恣行轉掠戕殺燔燒叢萃藪窟新故環迭而兩浙三吳之禍變憯矣乙卯春柘林巢賊積增至萬餘人出掠嘉善諸處夏四月劇賊徐海麻葉等探知嘉杭兵調松江搗巢卒衆數千人

水陸並進聲言先攻嘉興次及杭時故巡撫李公留守杭總督軍門在華亭無兵可恃軍民洶洶甚懼御史梅林胡公方巡浙東台溫諸郡得報連日夜馳詣嘉興會賊從嘉善來前驅迤邐薄城外衆益懼甚公曰兵法攻謀爲上角力爲下矧又無兵乃密屬吏取酒百餘甕鑽其顛投以毒劑塞如故載兩船選兵卒機警而猛者假冠服持赤牘坐船上稱解官解酒餉軍載向賊所從道見賊卽褫去冠服走賊信不疑馳報諸酋長諸酋長得酒大歡相率高會痛飲率多死巳又令村市酒家皆入毒甕中約償以直民所有米

潰藥水澌而遺之賊往往爭取飲餟輙又死然賊黨尚衆我兵寡且恇怯適保靖宣慰彭藎臣所領土兵數千人至可使胡公策其恃勇犯忌使人傳語之曰賊善伏且知分合我兵常爲其誘宜分奇正左右翼擊防其衝圍藎臣不聽乘銳直前果遇伏墮賊計挫於城南石塘灣始大悔遂有潰志遠近震駭大失望胡公深憂之曰如是我技窮矣於是親詣軍營宣諭且勞告之曰勝負兵家常事惡足介念凡爾所以僨者以不知地利中其伏我聞賊曾多死衆絲棼無紀且久不得食息暇可攻若等無畏顧兵多無衣與器

械乃使人悉索諸質肆故衣須給之加賜錢帛牛酒
飲食召諸金木工晝夜繕造器具懸重賞苗兵感激
思奮察可用乃指畫石塘地形曲折曰汝宜以兵若
干爲前鋒從塘路進若干爲奇兵伏道左水兵船若
干環列道右防其逸背後前鋒數里候賊將至某處
前鋒迎敵佯敗走俟其過伏伏盡起三面夾擊蔑不
勝矣蓋臣如公策賊果僨敗北走平望平望故別有
苗兵營賊不知會總督張公從松江兼程來視師而
永順宣慰彭翼南復從泖湖西出胡公又同督察趙
公部署叅將盧鏜等厲激之且躬擐甲冑徑馳馬趨

出四面合圍軍聲遂大振賊大沮還走王江涇既連疲於奔又餓且病剝無統紀遂大潰不支土兵與我軍乘之斬倭首二千餘級墮溺水死者不可勝校蓋自是嘉興杭人始安枕軍民主客始知賊猶人非真若鬼神雷電虎豹然不可嚮邇浸有圖志賊亦自是稍稍顧忌逆氣狂謀漸以虧朒始可誘而圖矣嗟乎奇變決而波才破洛澗襲而淮淝捷嘉山合而博陵奔蓋自昔禍亂之興必有忠義材武韜鈐之臣以指揮擘畫救寧戡定蓋天所以奠安維極綏輯神人鴻德好生常假手乎鉅公偉人實爲之執云其果亹亹

哉武進左子好論次當世事而謂故所收公私牘牒所載王江涇戰功淆無紀屬余詮次余爲詮次而歸之庶後經世者有考焉

平望之捷 嘉靖三十四年五月

嘉靖乙卯夏五月官兵敗賊於吳江之平望先是丞保之兵既皆失利賊遂肆意猖獗一西北入太湖犯常州一西南犯杭嘉湖其犯杭州者至塘棲二宣慰復失利賊掠北關去欲由蘇州入海道吳江之平望浙直鄉兵會擊之賊腹背受敵大敗走松江至三店我兵邀擊之斬首七百有奇中毒死者千餘人是戰

也巡按御史胡公宗憲副使董士弘僉事王詢以浙兵至參政任環知府林懋舉以直隸兵至而三店則推官劉泉功居多皆不藉客兵之援由是而專任鄉兵之議興矣嗚呼客兵之用豈得已哉蓋彼之獷狡不馴非素有禮義之習我之恩威未洽難責以忠愛之心恤之過則驕操之急則變勝敵不足以償其掠民之害厚賞不足以稱其邀求之私前方城宗氏論之詳矣雖然寇攘猝起民不知兵慮客兵之禍而徒驅民以戰如投羊於虎是畏溺而避舟者耳故調客兵者一時之權恃客兵而忘練鄉兵者非經遠之策

調客兵而練鄉兵兵可用矣而後酌勢之緩急敵之多寡以處客兵遣之則我無乏用之嫌留之又有以制其反噬之毒我師梅翁之底定東南也外立戰勳內鮮兵變今日遣客兵數千而賊無玩心明日來客兵數千而民無懼色者用此道也彼謂客兵必不可用而又無練募之法者吾不知其所終矣太學生俞獻可撰

陸涇壩之捷嘉靖三十四年五月

嘉靖乙卯夏五月松江柘林之寇千餘人流突李塔匯歷張庄小崑山趨泖湖而北保靖宣慰彭藎臣兵追之抵蘇州之陸涇壩壩離城十里而近兵備副使

任環督兵擊之擒其梟帥俘斬五六百級水火死者不計屍盈阡陌婁水爲赤殘寇僅二百人値暴雨追之不克逸歸柘林嗚呼往歲倭賊覘我無備揚帆深入視吾蘇不啻几上肉耳是捷也論者皆謂我兵有死之心無生之氣而又益以藎臣善戰之兵其勝宜也愚謂不然戰之日續親見之矣撫巡乘城督兵傳餐寇矢如雨自婁門以東達於陸涇壩我衆連呼戰者三曰今日我任父對敵所不捐生以報者有如此日由是士氣百倍總兵俞大猷并二宣慰兵三路竝進奮勇夾擊遂收全功當是時使非任公身先督戰

則吾不知民之僇力者何如使戰而弗勝則鼓寇之怒其慘吾又不知何如也抑陸涇蘇之東境也前此浙江巡按御史胡公宗憲有王江涇之捷則蘇之南境後此提督都御史曹公邦輔有横涇之捷則蘇之西境未幾任公復有三丈浦之捷則蘇之北境一歲而賊四衂於蘇蓋自是而蘇無倭寇矣崑山舉人李續撰

横涇之捷 嘉靖三十四年八月

嘉靖乙卯秋八月倭賊自象山登岈流突南京焚安定門殺一把總一指揮走無錫而南都御史曹公邦輔引兵馳護 孝陵因追及於蘇州之滸墅賊驕蹇

益甚公與副使王崇古僉事董邦政知府林懋舉知縣康世耀把總婁宇曰此賊勢埒數千勍敵我地形兵力爲彼所窺他日大舉入寇何以支之誓滅此而後入城乃分授信地申主客應援之規以崇古邦政宇率指揮張大綱武生車梁躡賊所向遇敵先登爲正兵懋舉世耀各領兵屯吳林廟之左北護郡城南扼賊衝爲援兵嚴家兵左哨沙兵右哨分突衝截爲奇兵度賊走太湖募水兵于湖濱東山巡檢領船數十往來探哨爲遊兵又度賊不走太湖必分蹤以牽制我師或棄金帛于道餌我嚴諭毋離伍毋拾遺卒

皆股栗殊死戰賊至吳林廟我兵擒斬二十七人餘走楊山遁至靈巖奪民船由新港出太湖欲走洞庭見我兵旗幟不敢渡復登岸至橫涇前馬橋匿一民舍我兵圍而火攻之賊潰出遁伏田禾中不能得車梁捫其所殺人肉尚未寒又草露未動乃令衆大呼賊在此賊果驚出遂俘斬之無一人得脫者而大綱手刃數人力盡死之始賊之在無錫也欲尋徑常熟徃附柘林之賊刧二人前數十武導之常熟在無錫之北二人紿之而南且道辟行人曰賊至矣報官兵賊已陷絕地遠來可盡擒也賊比敗恨二人入骨競

臠割之嗚呼是賊以五十三人馳突八郡轉戰三千餘里所過皆不焚掠唯與敵者殺之此其勢其志可知也已非曹公之定策群有司之戮力蘇松之禍未已也雖然張大綱之死敵二人之紿賊其功固非祿祿者惜二人之姓字不傳爾 崑山縣學生龔良相撰

後梅之捷 嘉靖三十四年十一月

嘉靖乙卯冬十一月倭賊自福建福寧州之連江洪流入浙境越平陽仙居至寧波奉化與錢倉賊合幾七百人深入紹興勢益滋蔓提督都御史胡公宗憲親督兵備副使許東望容美土目田九霄同知曲入

繩等兵往戡之遇賊江橋僅隔一河公謂諸將曰賊見我不顧而南其氣未可乘若稍止觀望可圖也吾兹試之乃於馬上自持一幟作指揮狀賊果聚觀公笑曰此易與耳乃令兵渡河九霄邀其前入繩襲其後賊見兩兵迭至大怖而走至後塍匿民家公復大笑曰賊若乘我兵半渡迎擊勝負猶未可量今已投死地復何能爲乃悉衆圍之三匝縱火焚之死者强半值天雨公與將士立田中夜五鼓大霧咫尺莫辨賊乘黑衝典史吳成器軍成器故善戰驅兵四面奮擊之擒斬復若干人然脫走者猶衆公計賊必由山

西嶺而遁嶺之巔可伏也命設伏以待夜將半賊果至遂大敗之斬首及焚死者積五百二十有奇餘奔太平蒲岐港官兵復追之賊堅壁不出乃夜偪賊壘投以霹靂火器讙若刼營者賊驚起自相攻擊死者又若干人得脫者無幾竟出洋去丙辰春正月也時公新膺簡命未浹旬輒有奇捷如此　烏程縣學教諭張節撰

清風嶺之捷　嘉靖三十四年十一月

嘉靖乙卯冬十一月倭船三艘艤南麂之西麓提督都御史胡宗憲預設海艦封守甚固二船不能入揚帆而東其一西走我兵躡之沉其舟餘入寨內相持

八晝夜賊窘甚從山後竊刬船逸去颶風驅回登劫大嵩至三港守備劉隆千戶劉綱百戶張澄戰殁於陣賊勢復熾遂越金鄉趨台州以漸北向時公方奏樂清之捷會台州告急公笑曰寇來有三敗我皆得之不足平也初寇登平陽守將不循約束故得深入今台守譚綸干城之將且素受方略賊玩蹂其疆一兵法小敵之堅大敵之擒寇方得志三港其氣驕我兵方捷於樂清其氣勁以勁乘驕如拉朽耳二容美兵精悍甲諸部萬里從征朝氣正銳但初未諳險阨今授以布伏邀擊之法則爲全勝之技三遂命分道

布截天台以南綸兵當之新昌以北容美兵當之綸兵逼壘而進以典史吳成器統部健爲前哨報效吏章延廪爲後哨百戶王世仁陳濠督健卒伏於小江道左知事張東督鄉兵伏於顏坑諸處而又迎賊所向預置藥蜜藥餅餌之由是賊或中伏或中毒擒獲三十餘顆傷死者不計始悔入台州境十二月抵新昌知應台關有備去至嵊縣三界上館嶺會容美兵陳而待田九霄以正兵當其前田九章援兵繼進左翼則留守王倫伏兵當之右翼則經歷畢爵伏兵當之指揮吳江率部兵遶賊後背夾擊且多張旗幟爲

疑兵以撼賊勢賊四面受敵且戰且走我兵追之入清風嶺烈女祠俘斬一百七十餘是役也賊二百餘徒歷溫台紹三郡始克勦滅其敢於深入者由恃紹興之倭欲與合夥迨越台州始知舊倭已破於是旣畏譚兵不敢南復畏土兵不敢北卒至於敗如公所料云　武進舉人吳嶔撰

仙居之捷　嘉靖三十五年

嘉靖丙辰春三月　朝廷以都御史胡宗憲累建奇勳命以兵部侍郎總督浙直福建軍務會福建桐山之賊流逼浙境同知黃釧指揮梅魁禦之賊潰圍北

走公密令副使劉慤賫伏兵塔石蕉蒲諸山嶴險阨
則潛置火器以待仍列舟師於山側之江濵賊至伏
起殺傷甚衆遁由天門埭至平陽青田越小峙沿江
而南遂入荆溪荆溪通仙居樂清之孔道也時臨海
天台業已受公計集鄉兵守黄潭箬孔中渡由是賊
不得犯寧紹由烏坑西入仙居乘城築未完衝突焚
刼慘倍他地乃咨提督都御史阮公鶚馳救之復行
副使許東望知府譚綸總兵盧鏜兵從東路而進賊
聞大兵且至遂走斷橋彭溪梟於民舍我兵合圍攻
之俘斬三百餘級焚溺死者無算所存六十餘人取

道天台之北復爲赤城民兵所殺是時浙東西硤石梁湖之賊各萬餘人俱薄會城魁桀難制江南北新舊屯據者數亦逾萬公以一身寄諸藩之安危以一心當百萬之兵甲隨機督勦算無遺策直隷有寶山之捷兩浙有西庵清水窪之捷而桐山流寇亦旋就殄戮謂公今之子儀非耶　嘉善訓導謝顧撰

乍浦之捷　嘉靖三十五年七月

嘉靖丙辰秋七月賊徐海陳東之解桐鄉圍而東也陽爲聽撫心實狐疑自呂港新場移屯乍浦城南營厰絡繹旼修舊船以啚出海且窺伺我兵强弱爲其

已從之遂與定約與前縛麻葉陳東等俱詳見鹿門茅氏所爲劉徐海本末紀公乃令副使劉燾引遊擊尹秉衡兵夜伏乍浦城中而徐珏等兵分爲三哨進壁白馬廟左灝等兵由平湖間道而出主簿曹廷慧參將丁僅等壁乍浦城以爲内援至期珏等移營乇山海果挈妻走海上艘羣倭爭逐之大亂城上舉火我兵四合兢進大敗之燒賊巢廠二十餘里時海執稱歸順投梁庄去諸遁出海洋者大猷兵邀擊之前後俘斬七百有奇沒海及焚死者無算乍浦之賊無孑遺矣夫徐海以首惡煽禍而陳東麻葉等爲之犄角勾引外夷侵擾中土受其

定候間而發適上海之賊由吳淞而西南出復萬餘人公恐海或中變與之連衡急昏海使東出擊賊可得舟還島海以爲然果逆斬賊數百賊遂夜走以故海不及取其舟而返其他酋長脫出海者公已別遣大猷伏飛艦海上遮擊之溺且盡公又討海書記麻葉不死無以堅其內附之心而陳東者與麻葉聲相倚桐鄉之役與海相睚眦者也於是又討令海縛麻葉併陳東以獻海遂併有其衆而諸酋長則疑且怨海矣海自度進退無所而公故與趙公薄責海益急因遣諜私海令其誘衆俘斬之以謝可無罪海不得

巳從之遂與定約與前縛麻葉陳東等俱詳見鹿門茅氏所爲勦徐海本末紀公乃令副使劉燾引遊擊尹秉衡兵夜伏乍浦城中而徐珏等兵分爲三哨進壁白馬廟左灝等兵由平湖間道而出主簿曹廷慧叅將丁僅等壁乍浦城以爲内援至期珏等移營乇山海果挈妻走海上艘羣倭爭逐之大亂城上舉火我兵四合兢進大敗之燒賊巢廠二十餘里時海執稱歸順投梁庄去諸遁出海洋者大猷兵邀擊之前後俘斬七百有奇沒海及焚死者無筭乍浦之賊無孑遺矣夫徐海以首惡煽禍而陳東麻葉等爲之犄角勾引外夷侵擾中土受其

螫毒者五年矣丙辰春擁衆數萬分道入寇北犯瓜揚阻絕運道東掠寧紹牽制我師聲言欲下杭州犯留都比之曩時猖獗尤甚公相度機宜不輕與爭鋒捐千金賞敢死之士用間誘退吕港賊艘以伐其深犯之謀復誘令殺賊立功以剪其羽翼之勢擒麻葉擒陳東度其孤危可以取矣猶謂困獸死鬭乃故弃船海灘開一面之缺而卒以遊兵邀之無一得脫者後先下着不爽纖微島夷之所以畏服而東南之所以奠安者不以此哉不以此哉餘姚舉人諸大圭撰

勦徐海

嘉靖丙辰徐海之擁諸倭奴而寇也一枝由海門入略維揚東控京口一枝由淞江入略上海一枝由定海關入略慈谿等縣衆各數千人而海自擁部下萬餘人直逼乍浦而登岸則破諸舟悉焚之令人人各爲死戰又導故窟柘林者陳東所部數千人與俱併兵攻乍浦城蓋四月十九日也當是時 朝廷方奪故總督而新總督胡公自提督代之甫八日問幕府麾下募卒僅三千人俱孱弱不可用故總督所徵四川湖廣山東河南諸兵俱罷去所爲緩急者特容美土兵千人及參將宗禮所

藉河朔之兵八百人耳南北諸倭酋不下數萬諜者聲言他酋分掠於江淮吳越諸州郡間以扼援兵而海等當竄乍浦下杭州席卷蘇湖以脅金陵氣恣甚總督胡公方召諸司畫計無何故提學阮公代胡公爲提督檄未至夜半聞乍浦圍卷甲趨之胡公亦分遣兵澉浦海鹽之間爲聲援而自引兵壁塘栖相犄角居頃之海聞新總督胡公即故御史所嘗提兵督戰於鴛湖王涇之間而覆之者氣稍阻尋罷乍浦圍聞兩公方擁兵壁近郊不復敢窺杭於是徑略峽石越皂林出烏鎮以北烏鎮

者即海故所犯蘇湖舊路也當是時胡公既獲諜

度蘇湖之間惟鶯湖爲四戰之地於是檄河朔兵

自嘉興入駐勝墩陣而待因以吳江水兵遮其前

湖州水兵尾其後而公自引麾下募卒及容美土

兵衡擊之提督阮公自崇德聞賊且出烏鎮也即

道挾河朔之兵騎而馳及之於皂林令善射者且

躡且射賊稍稍引去賊縱數百人嘗之輙又敗去

賊怒甚鼓噪而前提督阮公勢皇急於是走輕舸

入保桐鄉而叅將宗禮與裨將霍貫道等乃自張

左右翼厚集其陣以待戰數合擊殺數十人會日

暮賊且引去時賊氣頗窘而宗禮霍貫道等亦已絕嚮導不得擇善地便水草以自休止明日餓而戰賊遣候者樹而望蓋孤壘以塹無他援者也大喜復縱兵以半擊其前以半繞其背而霍貫道河朔故驍將也大呼衆力戰矢砲如雨下無不人人一當十復擊殺數十百人而貫道亦手自刃十餘人賊益怖海且中砲欲馳去會火藥盡霍貫道面宗禮仰天呼曰吾兩人再得藥數斗可以了此賊矣未幾貫道與宗禮俱陷衆大敗賊遂乘勝圍桐鄉時總督胡公已引兵躡崇德聞之潸然流涕曰

河朔之兵既敗東南之事無復可支矣賊巳困桐鄉假令復分兵困崇德以刼我我兩人譬之抱石而自沉也　國家且奈何於是還省檄諸路兵爲戰守計先是公始爲提督時嘗與監督尚書趙公謀曰　國家困海上之寇數年於茲矣諸倭奴乘潮出没將士所不得斥堠而戍者人言王直以威信雄海上無他罪狀苟得誘而使之或可陰携其黨也按部題亦嘗有用間爲策者於是遣辯士蔣洲陳可願及故嘗與王直友善者數輩入海諭直直果感悅願如約遣其養子毛海峰款定海關

謝過間以諭海海已勾薩摩諸島人入劫故不相
及而海峰者云云彼固未之聞也胡公策曰直與
海雖順逆不同其勢固唇齒也直既悔悟海獨不
可以大義說之乎不然彼貪人也誘之以利或可
徂其心聞桐鄉城小而堅緩之數十日則永保戍
兵至固可破之矣於是疾走人諭海峰因厚遺諜
者陰過海所曰直已遣子款定海關　朝廷固且
赦之矣若獨無意乎新總督威名非曩時比且仰
體　朝廷德意推心置人腹若不乘此時解甲自
謝他日必爲虜矣海頗然其計於是亦遣會自謝

約罷圍去因以要公稍出中國貨物遺他倭酋而疏釋其罪公佯諾輒以銀牌綺幣厚遺來謝酋而陰令營中盛兵容私諜者故縱酋瞰之酋既德公遺又内怖公之兵威也歸以報海明日復遣他酋來謝公視之如初凡數復海於是始歸心於公願爲公死之矣然陳東獨心切疑海私公遺猶鞅鞅未之從也海間遣酋次桐鄉城下私摭上兵曰其巳聽總督胡公約解去矣城東門故栢林賊陳東黨也鷙悍不吾從若當謹備之是夕海果道崇德而西且乞他兵於公以夾擊東胡公猶心訝未之

許而東獨盛爲樓櫓撞竿以撞城而桐鄉令金燕者彊幹吏也城中一切兵仗火藥諸已繕備提督阮公復躬厲矢石徇城上入下令散千金募敢死之士督戰益亟所殺傷賊亦數十人方撞竿自樓櫓中躍而撞城城幾壞一男子爲縋索圜撞竿所擊故窟處竿至即縋挽以上斬之又募冶者煑鐵汁灌城下酋城下酋不敢逼東既無何聞海等解去道遠勢且孤亦相與稍稍引去圍始解而提督阮公出矣時五月二十三日也方阮公困桐鄉時固日夜望總督胡公援兵之至而胡公亦重念東

南之安危身之禍福與阮公相旦暮情固急業已遣兵備劉公督同留守王倫宣撫田九霄勒兵自嘉興入壁斗門分守汪公督同知縣張冕勒兵自湖州入壁烏鎮叅將丁僅勒兵自海鹽入壁王店指揮樂塤督同千戶羅天與勒兵自崇德入壁石門又令崇德令崔近思收河朔之散卒入城爲聲援兵四面環賊遠者二三十里近者十餘里而陣然各以狃皂林之敗逡巡惶怖不敢逼而公業遣諜羈說賊亦日夜望永保戍兵之至以決一戰也計無可奈何而胡公與阮公兩人者爲同年故深

相結者及援兵不合阮公自圍中頗急於是兩相猜而他謗者與爲飛語撼兩公者盈道路矣當是時　朝廷聞東南之寇郎日出尚書趙公督山東河朔諸兵援之又兩公所私相猜者語頗聞趙公趙公亦故與兩公者爲肺腑交所嘗兩推轂中朝以鎮東南者念兩公卒有郄則東南之事牴牾不可圖於是日夜引兵而南至揚州則阮公業已出桐鄉圍東渡錢塘徇會稽諸下邑擊他賊胡公亦聞尚書趙公之至且戰且南淮揚昆陵之間無足慮海爲巨孽間雖狃而内附中國不可測而上海

之賊萬餘人由吳淞江西引方急迺日遣諜者啗海以金帛而說之東出海上擊他賊海亦果收諸倭酋出乍浦道平湖時諜報吳淞江之賊已鼓行涉嘉善界欲西合海公念海萬一卒他變兩相合奈何因策海始已焚舟爲深入今不得舟必急於是遣諜詗海謂海旣内附何不如故約勒兵擊吳淞江賊且篡奪其輜掠舟以歸海果然其計即日引諸酋逆之朱涇道上斬首若干級餘賊遂夜走以故海不及篡奪其舟而還及他酋脫而出海也公又別遣總兵俞大猷伏飛艦海上遮擊之溺且

盡於是海旣德公不敢背又聞吳淞江賊之出爲海兵所遮擊益内怖日輸款於公遂輦故所戴飛魚冠及他堅甲名劍數十種並以輸公而間遣其弟洪入質於公公固佯納之公又諜聞海麾下獨書記葉麻爲長酋其爲人頗黠而悍近與海爭一女子有微郄非用間急縛之則無以死彼之內附之心於是遣諜就海帳中諷海縛葉麻以出葉麻出而諸酋中故隸葉麻部曲者稍稍怨且懼矣怨且懼恐生他釁則又以他罪縛得幾百餘人公又策陳東於諸部曲中與葉麻聲相倚頃以桐鄉之

役兩睚眦者也數遣諜持簪珥璣翠遺海兩侍女令兩侍女日夜說海并縛東海間諾而陳東者薩摩王弟故帳下書記酋海固未之能也於是出葉麻囚中令其詐爲書於東反兵賊殺海其書故不以遺東陰泄之於海激怒之使并縛東海讀其書涕雙下益德公之不忍爲東所賊殺之也日夜謀縛東以報公居無何尚書趙公移兵渡江來所過州縣數舉兵向賊賊輒敗走俘斬若干級兵威大布當是時公已知海之甘心於東不忍疾擊海疾擊之兩人迫而深相結則東南之事未易圖而尚

書趙公之至也私約公共部署兵擊海日急且召
公故所遣諜面詰之曰若爲我諭海海速兵以來
罪不容死非縛陳東及斬千餘級以獻恐無以謝
朝廷若能則吾當同督府諸公疏釋之不然若且
虀粉矣是時阮公亦至於是海益怖出所故掠中
國貨物千餘金賂王弟詐請東代署書記海因夜
得東即縛以故約復於胡公葉麻與陳東相繼縛
而諸酋長洶洶內亂矣是時諸酋長旣疑且怨海
無鬭心故其氣日奢海亦自度縱令反故島當亦
必爲諸酋長所賊殺故爲內附日固而公與趙公

薄責海益急海既急因念欲掠舟出海恐爲海上兵所劫欲列壘拒官兵又業已内附不忍背且陳東黨固日夜襲殺之也公策曰彼既亂吾可乘之矣因遣諜私海曰我固欲寬若趙尚書爺以若罪孽大何不聽我艤數十艘海上若且誘之逐海上艘令俘斬千餘級以謝趙公而若因得以自完乎海不得已且疑且諾因約兵備副使劉公引兵伏乍浦城中而某日時某當引衆出海峙去乍浦城半里而陣徉令衆會逐海上艘某手旗麾之城中官兵即舉燧爲號從城中出亟擊勿失諸官兵卒

如故約乘之諸倭酋逐海上艘如蟻不及還兵鬬
於是諸官兵得乘勝蹂而前不傷一卒所俘斬數
十百人沒海者無筭於是海自以數有功於　朝
廷願與部下諸酋長入款且庭謁胡公與尚書趙
公提督阮公及巡按趙公並許之諜往復期以八
月初二日然海猶恐閒設甲士劫之先期一日卒
擁酋數百人胄而陣平湖城外自帥酋長百餘人
胄而入平湖城中以求四公者討不許恐他變遂
許海與諸酋長北嚮面四公按次稽首呼天星爺
死罪死罪海欲再為款胡公而未之識因顧諜諜

目示之海復面胡公稽首呼天星爺死罪死罪胡公亦下堂手摩海頂謂之曰若苦東南久矣今既内附　朝廷且赦若慎勿再爲孽海復稽首呼天星爺死罪死罪於是四公厚犒遣之而出是日城中人無不洒然色變者海既出諸公者固已忿恚海之列款猶冑而入屬彊脅無禮又不及如謀故所期月日而先日卒至也其習行桀黠若此於是闔謀不勒兵誅之他日必爲患計部下尚千餘人猛鷙難卽破永保兵猶遥遥遠道未至也於是佯令海自擇便地居之海果自擇便地得沈家庄卽

儀沈家庄與居之是爲八月八日當是時衆復喧
然譁諸公輩何不僕滅海不然且縱之出海上令
自解去顧豢虎以自禍也不知諸公者固有待於
是胡公與尚書趙公提督阮公私自部署兵又日
夜遣使趣永保兵來會兵未集恐海驚禍且肘腋
間胡公因日遣諜詗海且啗海如曩時公因諜以
請於趙公曰吾聞善兵者乘其所之海與陳東黨
業已深仇今合而兩附者迫故耳聞沈家庄故東
西兩處而中縮河爲塹何不說海以西沈家庄居
陳東黨而自擇東沈家庄以居部下當乎諜以諭

海海果如其言頃之永保兵至會海輸二百金於
公市酒米公復與趙公謀以藥毒其中而歸之又
令陳東詐爲書夜遺其黨曰海巳約官兵夾剿汝
輩矣陳東黨果疑而夜伏邏卒東沈家莊道上瞰
之適海皇急因令會竊兩侍女出道上而急則因
間道走幕府以自托邏卒瞰知之歸以報於陳東
黨陳東黨聞之大驚即勒兵簒兩侍女過海所罵
曰吾死若俱死耳遂私相稍而鬭海中稍衆大亂
明日官兵四面合墻立而進保靖兵先當之稍却
河朔兵乘之又却俄而胡公擐甲厲聲叱永保兵

左右列大呼而入賊壘下擊會風烈公麾衆束千餘炬人各持炬縱火焚之海窘甚遂沉河死有食頃人人驚而攫千餘會蒐斬殆盡矣中所故飲毒首虜黑色者凡三百餘人於是永保兵俘兩侍女而前問海何在兩侍女者王姓一名翠翹一名綠姝故歌伎也兩侍女泣而指海所自沉河處永保兵遂蹈河斬海級以歸副史茅坤撰

龕山之捷嘉靖三十五年十一月

龕山之賊自溫州登岈蔓延於會稽經歷文某與戰于苦竹嶺副使孫宏軾併軍門所調奇兵與戰于析

開嶺于翁家村參將盧鏜與戰于斤嶺于梁衕賊少却走龔家畈百官渡過曹娥江順流而西狡黠善鬬噬齧孔棘初總督都御史胡宗憲方在浙西勦川沙之賊移檄諸將竟未有能殄之者至是親提大兵至欲斬不用命者以殉於是僉事李如桂王詢指揮楊永昌知事何常明典史吳成器等兵併力追擊於瓜山戰三界戰母蓤嶺朱家漊賊遁蕭山之丁村杭湖至陳家灣雖多所殺傷而凶燄愈熾公至擇地形壁龕山之巔分諸將信地皆露宿以待時參將盧鏜戰還公促明日再戰鏜曰士疲矣休養數日乃可公佯

許諾而密召親兵謂曰若曹豢養久未立戰功今賊行滅而諸將首鼠不進萬一賊得脫此徑渡錢塘江奈何今日正若曹立功之會能乘其不意而襲之賊可盡也衆皆踴躍請效死已乃檄令成器統之以進不數里遇賊死戰無不一當十賊遂大敗循海而走登匿山坡堡内我兵四面奮擊不得已登屋擲瓦礫下瓦盡繼之以槍槍盡投刀刀盡乃下死守我兵攻堡破之悉斬首以獻時日且暝公喜謂諸將曰此賊流突千里轉戰無慮數十無能攖其鋒者今一鼓蕩平真 朝廷天威也命取賊心啖之選猙獰首級廿

餘顆置案上毎顆爲飲一觥左右皆失色而公談笑自若也逹旦諸營方知破賊相率入賀公謂鏜曰再一二日何如鏜大慙服乃完師而歸時乙卯冬仲旣望也　山陰縣學生員徐渭撰

金塘之捷　嘉靖三十五年

辛五郎者宿寇徐海之偏裨也與陳東葉宗滿葉麻輩同巢柘林攻乍浦圍桐鄉毒螫吳下諸郡其志欲吞全浙窺留都勢甚猛也總督胡公欲滅之忌海與其黨旣而海受餌爲我用擒其所惡陳東葉麻輩而遣其所懽以歸倭島五郎在焉公密令總兵俞大猷

等分布海洋要衝截殺諸寇而五郎則責之盧鏜鏜接客諭時方對諸客食忽令治艦之金塘山客相顧莫知所謂鏜自乘福船令將官率哨船若干以行次日至金塘瞭見比洋有大舟揚帆而南令哨船四散潛泊少選大船艤金塘之麓賊皆登甜鏜知其爲五郎也令哨船叢射之繼以銃炮賊以手且搖且招搖者示勿攻擊招者示有所言也哨兵颺言曰欲打話須去爾兵器則拍掌示無而呼一董（一董者一家之義乃倭語也）有華人從寇者曰吾乃胡總督爺招安放回者也哨兵曰有牌驗乎曰有鏜招衆賊至舟傍慰藉之謂五

郎曰汝既爲軍門所遣豈可慢乎請至縣款洽而津送之遂延五郎同舟餘派哨船分載每載不過三四人多則不能容也五郎辭鏜厚加體貌五郎不疑宴至深夜鏜坐福船上層將臺侍者引雙燈上桅俄而哨船蝟聚鏜問之曰如何齊應曰是了五郎大驚請下哨船與衆夷同宿鏜曰蕭令左右送之穴梯而下至蓬戶外望維海不見五郎悟欲赴水死左右不許曰臥塌在地平下五郎度不能免浩歎就臥遂縛之翌日入定海關乃知賊徒俱巳芟盡卽前夜起雙燈時也是了者乃復命也羣賊死時皆不知軍門之謀

僉訝哨兵敢行悞殺五郎亦自以偶遇盧鏜被執不知其出軍門也嗚呼神哉後獻俘告 廟 天子賜璽書奬公天下無不稱快哉 崑山進士王宇撰

擒王直

王直者歙人也少落魄有任俠氣及壯多智略善施與以故人宗信之一時惡少若葉宗滿徐惟學謝和方廷助等皆樂與之遊間嘗相與謀曰中國法度森嚴動輒觸禁孰與海外乎逍遙哉直因問其母汪嫗曰生兒時有異兆否汪嫗曰生汝之夕夢大星入懷傍有峩冠者詫曰此弧矢星也已而

大雪草木皆冰直獨心喜曰天星入懷非凡胎草木冰者兵象也天將命我以武勝乎于是遂起邪謀嘉靖十九年時海禁尚弛直與葉宗滿等之廣東造巨艦將帶硝黃絲綿等違禁物抵日本暹羅西洋等國往來互市者五六年致富不貲夷人大信服之稱爲五峰船主則又招聚亡命若徐海陳東葉明等爲之將領傾貲勾引倭奴門多郎次郎四助四郎等爲之部落又有從子王汝賢義子王激爲之腹心會五島夷爲亂直有宿憾于夷欲藉手以報及以威懾諸夷乃請于海防將官而剿之

無孑遺者而聲言宣力　本朝以要重賞將官餽米百石直以爲薄大詬投之海中從此怨中國頻入内地侵盜直又嘗以扁舟洎列表參將俞大猷驅舟師數千圍之直以火箭突圍去怨中國益深且恥官軍易與也乃更造巨艦聯舫方一百二十步容二千人木爲城爲樓櫓四門其上可馳馬往來據居薩摩洲之松浦津僭號曰京自稱曰徽王部署官屬咸有名號控制要害而三十六島之夷皆其指使時時遣夷漢兵十餘道流劫濵海郡縣延袤數千里咸遭荼毒而福清黃巖昌國臨山崇

德桐鄉諸城皆爲攻墮焚燔廬舍擄掠女子財帛以鉅萬計吏民死鋒鏑塡溝壑者亦且數十萬計比年如是官軍莫敢嬰其鋒但爲計狡譎每殘破處必詭云某島夷所爲也故東南雖知王直之叛而不知受禍之慘皆由直者獨總督胡公前按浙時見賊進退縱横皆按兵法知必有坐遣者且賊酋來者皆直部落也而不聞直來其爲坐遣無疑先是間使徽州收其母妻及子于金華府獄中至是出之豐衣食潔第宅奉之以爲餌而疏請以移諭日本禁戢部夷爲名其實注意伺察直也上

從之乃遣生員蔣洲陳可願充正副使以行公以
寄計授洲等曰王直越在海外難與角勝于舟楫
之間要須誘而出之使虎失負嵎之勢乃可成擒
耳又曰王直南面稱孤身不履戰陣而時遣偏裨
雜種侵軼我邊圉是直常操其逸而以勞疲中國
也要須宣布　皇靈以攜其黨使窮髮皆知向化
則賊之勢自不能容然後道之滅賊立功以保親
屬此上策也洲等領計敬諾而行居無何倭酋董
二被擒訊道直事甚悉與公所料不爽毫髮中外
始曉然知狀于是　上以公灼見禍本降　璽書

褒勞而閫外之事一以委公公得 旨規羅益寄
御史金淛陶承學交章請立賞格有能主設奇謀
生擒王直者封伯予萬金部議從之 詔曰可嘉
靖三十四年十一月洲等至五島遇王激道以移
諭事激曰無爲見國王也此間有徽王者島夷所
宗令渠傳諭足矣見國王無益也明日直出客館
見洲等椎髻左衽旌旗服色擬王者左右簇擁洲
等心動坐論鄉曲設酒食相對情款方洽洲等曰
總督公遣洲等敬勞足下風波無恙直避席曰直
海介逋臣總督公不曳尺纏牽而鞫之而遠勞訊

使死罪死罪洲等曰總督公言足下稱雄海曲志亦偉矣而公爲盜賊之行何也直曰總督公之聽誤矣直爲　國家驅盜非爲盜者也洲等曰是何言與足下招聚亡命糾合倭夷殺人剽貨坐分鹵獲而爲之辭曰我非爲盜者是何異于昏夜操呂以臨人之池執之則曰我非盜魚者爲君護魚者也雖三尺童子知其必不然矣直語塞洲等曰總督公統領官軍十萬益以鎮溪麻寮大剌土兵數萬艨艟雲屯戈𢦏雨注水陸戒嚴號令齊一而欲以區區小島與之抗衡是何異于螳臂以當車

轍也又曰總督公推心置腹任人不疑拔足下壽母令妻于獄中館穀甚厚則公之心事可知矣何不乘機立功以自贖保全妻孥此轉禍爲福之上策也直默然而罷乃挾洲等巡數小島而還而從此風聞外夷隨其願指者頗少變而叛買倚直爲淵藪者多有離心直始不安于彼矣初直聞母妻爲戮心甚忿欲犯金華及聞洲等言無恙又竊喜于是始有渡海之謀日夜集所親信者計之謝和等曰今日之舉未可冒昧以往也當遣我至親爲彼所素信者先往宣方以堅其心待彼不疑然後

全師繼進始可以逞直笑曰妙算也遂托宣諭別
國爲名留蔣洲在島令葉宗滿王汝賢王潋同陳
可願回至寧波詰之皆云宣諭未至時徐海陳東
已擁薩摩洲夷過洋入寇矣今王直歸順先遣葉
宗滿等投赴效力成功之後他無所望惟願　進
貢開市而已公得報已揣知其詐姑從所請疏
上許之公喜曰虜在掌中矣先是海中倭寇敗沒
有零寇百餘據舟山爲亂公遣葉宗滿等協助官
軍剿之盡殲焉公疏　上功次犒賞有差王潋笑
曰此何足賞若吾父至當取金印如斗大嘉靖三

十五年三月徐海等果擁衆十餘萬寇松江嘉興
諸郡甚急聲言欲下杭城取金陵勢張甚公乃謀
之王激等以覘其意激等初欲小試慇懃故甘心
于舟山之寇至于徐海等正其所倚以圖大享者
且欲速直來共濟乃辭曰是非吾所能辦須吾父
來乃可耳遂留夏正童華邵岳輔王汝賢在軍門
自以招直爲名與葉宗滿開洋去是年徐海等以
次就擒事見徐海傳公恐形跡彰露委心留用王
汝賢等撫摩若親子然葉宗滿兄弟竝加禮遇時
時對將吏士民曰直非反賊顧崛強不一見我見

我當有處也直聞公意指謂公誠朴可欺欲乘機以全親屬且未知徐海等敗没以爲縱不如所料亦可與之應援得志而去遂決策渡海先遣蔣洲次遣王激葉宗滿等率鋭卒千餘執無印表文詐稱豐洲王入　貢先泊岑港據形勝分布已定直乃與謝和慷慨登舟釃酒誓衆曰俞大猷吾嘗破之列表泊岍時須謹備之公當直未至時已度其有隙　調俞大猷于金山而以總兵盧鏜代之盧鏜者舊與王激等從事舟山同飲食無循倭夷備至直坦然不疑惟日聚羣倭礪兵亦伐竹木爲閧

市計且索母妻子弟求官封時公計已定仍姑列狀　上請以安其心　上已知直爲釜魚智力俱非胡公敵乃顯　詔王直既稱投順劫挾倭同來以市買爲詞胡宗憲可相機設謀擒剿不許疎虞致墮賊計公奉　詔秘而不宣夜馳至寧波城圖方略密調參將戚繼光張四維等督諸健將埋伏數匝水陸要害星羅棊列魚鳥莫度乃以夏正等爲死間諭直曰汝欲保全家屬開市求官可以不降而得之乎帶甲陳兵而稱降又誰信汝汝有大兵于此即徃見軍門敢留汝邪況死生有命當死

戰亦死降亦死等死耳死戰不若死降降且萬有一生焉直拂然不悅而公與其所親信王澈葉宗滿先遣來見者連床卧因佯露諸將請戰書十餘篇于几案王澈等竊視驚怖夜半公作醉夢中語云吾欲活汝故禁不進兵汝不來休怨我也含糊其辭吐滿床王澈等竊之于直直始疑之又使其子瀅囓指血寓直書云軍門數年恩養我輩惟願汝一見使軍門有辭于　朝廷即許眷屬相聚汝來軍門決不留汝藉令不來能保必勝乎空害一家人耳又使邵岳童華等往來游說直猶豫未決

公以直執戀岑港已踰五旬察其心神終屬觀望
乃開關揚帆示欲進兵直探知四面兵威甚盛終
無脫計且知徐海等敗没孤立無援因嘆曰昔漢
高祖見項羽鴻門當王者不死縱胡公誘我其奈
我何乃曰部兵無統欲得王激攝之公知海上諸
賊惟直多智習兵久權異域得人心爲難制其餘
皆鼠子輩毋足慮諸將亦云以犬易虎不可失也
遂遣激往直乃[illegible]然詣軍門時嘉靖三十六年十
一月也公執之付按察司獄乃集三司諸大夫參
議曰王直始以射利之心違明禁而下海繼忘中

華之義入番國以爲奸勾引倭夷比年攻劫海宇震動東南繹騷雖稱悔過以來歸仍欲挾倭而求市上有干乎 國禁下貽毒于生靈惡貫滔天神人共怒問擬斬罪猶有餘辜公具疏 上請得旨斬直于市梟示海濱妻子給功臣之家爲奴王汝賢葉宗滿俱從末減邊遠充軍王激出洋爲颶風所覆其餘從賊魚散鳥驚奔聚山谷公親督官兵掃除黨與皆絕嘉靖三十九年二月兵部始以封賞之議 上請 詔曰大憝既除海氛已靖部議報謝徐徐何也胡宗憲可太子太保都察院左

都御史兼兵部左侍郎蔭一子錦衣衛副千戶其
餘有功者陞賞有差

舟山之捷 嘉靖三十七年二月

嘉靖戊午春二月總督侍郎胡宗憲擒獲元兇王直
其餘黨泊舟山之岑港倚險列柵勢甚猖獗公命把
總任錦指揮甘述宗等進泊江口之南都指揮李涇
指揮張天杰等泊港口之北總兵俞大猷等以福船
并叭喇烏八槳串綱船往來策應指揮周官土官彭
志顯領大剌土兵由中路小河嶺入指揮楊伯喬唐
崟土官張　領鎮溪麻寮兵由右路碇礵入叅將戚

繼光率部兵由左路小嶺入而指揮楊永昌盧鏑鮑尚瑾方昇通判吳成器等分道策應叅政王詢劉燾副使譚元珂則監督之約期水陸並進直抵賊巢時都指揮戴冲霄先用火攻殺傷頗多令許全捷俱進首功禁取級以妨前進我兵躡屍而登賊大敗奔舟忽港側砲聲大震復擁衆登陸抄後死戰我兵後哨稍却前鋒四擊横衝賊乃斂營固守令以夷僧德陽稱貢而來賊脅爲聲援可計而離也乃潛縱之令成器遣諜持信票數百入巢散其脅從由是賊勢日孤爲守益堅公又檄諸將曰賊所以負固死鬭者蓋春

汛巳及計有新倭可爲應援若哨擊稍踈必流突與
合矣此非小利害也其督舟師預爲哨探之計無何
果有倭船泊普陀小道頭叅將張四維推官查光述
等督兵且戰且逐至烏沙門外洋賊遂潰敗俘斬四
十餘級賊走登烏沙懸山卽朱家尖山也公策此賊
與岑港之寇相距不遠陸路必由碇礵水路必由嚮
礁門乃檄諸將設伏以待已而賊果由二處奔沇家
門與岑港合踪公不得已親蒞定海分遣將領各與
信地福船由岑港南口廣船由北口宣撫田世爵都
指揮何本源等兵由馬嶴至張礵一由　寺嶺至

三官堂一由小嶺至聚水塘進而以元珂四維徃來
監督又遣奇兵由天童逕搗賊船仍近巢半里許列
一老營以壽居中調度叅政胡堯臣防守所城督發
糧餉尅期大舉時賊依山阻水列柵自衛火器頗多
我兵陷陣先登者間多被害公復檄諸將從中逼壘
而陣且示以哨伏應援之規更番迭戰以耗其火藥
折其銳氣又令夷僧輩招之私語賊遂互相猜疑至
持刀自擊我兵乘隙進攻賊衆大亂夜分縱火焚其
舟死者無筭餘各奔巢我各躡之斬柵而入斬馘百
餘級復奔柯梅嶺我兵追之火其巢廠賊勢窘甚遁

出浦口四維與指揮朱尚禮等舟師追至俞山外洋見賊連艘而行遂以兵船潛伏山下而以小艇嘗之賊果逐利來追伏兵大起夾擊之犁沉四舟擒其渠魁汪印山陳禮等斬首九十餘級溺死者不計王直之黨至是盡矣是捷也五哨之布公有成筭而大猷等參錯不進沈家門合踪公料敵如神而諸將不先事追擊至壓定海之設非公淵度圓機小挫不折能因敗爲勝且奈何哉嗚呼於是見公之心獨苦矣俞獻可撰

淮揚之捷

江北之有倭患自嘉靖乙卯始淮揚故多大賈富戶賊至屬厭以去自是歲以爲常丁巳夏賊千餘深入天長泗州　祖宗陵寢幾至震驚　廷議特設提督都御史而以豐城李公遂至卽立什伍之法定援應之規練鄉兵嚴保甲設將官築城垣造戰艦爲水陸戰守之計賊知有備船泊揺港者不敢登岸而去江北賴以無事己未賊萬衆連艘分道並入中外震恐時四月一日也公閱兵通州討賊若從海門西亭趨如皐則通州在賊外乃兼程趨通泰州而以副使劉景韶遊擊丘陞駐兵如皐以扼要害檄各路兵進黃

橋海安等處援應巳而賊至益多我兵迎戰挫其前鋒賊果出西亭知如臯有備遂由通州東趨白蒲鎮公計賊深入利在速戰戒海防等兵據丁堰東北堅持不出時東南風急我兵不便迎擊公籲天以祭風卽回連三日乃擐甲誓師斬不用命者人皆踴躍以進又計賊過如臯必由黄橋泰興犯瓜儀則糧運阻梗留都揺動若驅之富安以北沿海東出無能爲矣乃身當泰州之衝而以黄橋西路責景部等賊求戰不得進據丁堰丘壂從河北縱火焚之邉兵衝入賊營毛葫蘆兵復從南出首尾夾擊賊退屯二十里連

日接戰斬其金盔賊首一人日且晡我兵少卻賊進至如皋公計其必奔揚儀趣與海防遊擊兵從間道越過賊前徑趨泰州若以爲西路之防其實於泰州待敵也執賊軍潛入城爲內應者賊未至三十里輒從富安沿海東出我兵追躡賊後公戒毋輕戰晝則遏令不得久駐夜則退屯以防衝突公親提大衆馳淮安馬邏之間約與諸將夾擊於廟灣賊覘知之分其衆一由西亭一由白蒲丁堰以牽制我師公令景韶陞專擊二賊而身赴淮安以當大敵丁堰流賊至曹家堡與我兵遇逐北至潘庄全夥覆沒公至淮安

而總督侍郎胡公與視軍通政唐公順之亦提青沂
兵至相與合勢公乃部分中軍馬兵爲前驅曹克新
兵爲中哨青州邢鎮兵爲左哨沂州何本源兵爲右
哨中軍倪祿梅三錫合曹沂徐邳等兵爲後繼列陣
於姚家蕩以待初賊計我兵綴於丁堰之賊急走淮
安欲掩其無備比至見兵勢甚盛相顧驚愕盡鋭衝
我左哨公揮兵四面圍擊俘斬八百有奇焚溺死者
不計賊不得已奔守廟灣于時西亭之賊夜走海安
諸將不能禦公以廟灣賊垂盡悉揚儀有失乃親往
揚州而視師唐公援兵亦至時賊已奔張庄因益兵

赴援海安而與唐公俱還廟灣督諸將擣巢令軍中多具畚鍤先塡濳港毀民舍之傍賊巢者我兵分番進攻斬級一百五十有奇賊乘風雨夜遁而西亭亦以全捷來告無何閩中之賊止近百然沿海轉掠來去無定蹤不可力取爲颶風飄至者公令守備楊縉擊滅之斬其酋長八大王孟得山崇明三沙之寇潰圍而來時海門狼山如臯泰州楊州俱潰有備賊由七星港焚舟登岸深入栟茶場楊縉陳忠等兵尾擊之自是連戰皆捷斬級三百有奇賊乃竟走海塗而公已宿戒沿海無得泊舟以是賊不得去復敗之劉

庄會唐公遣副總兵劉顯適至公益以親兵使與賊
戰賊連敗走竹堰仍沿海北遁我兵追及之於七竈
斬級九十有四又及之茅花墩斬級一百七十賊奔
唐家灤僻遠無兵復登岸掠食而公故所練鄉兵追
兵競逐之斬級一百四十有奇賊遂盡絕矣是役也
自夏及秋僅四閱月前後斬馘焚獲不可勝紀其成
功之偉何如耶予嘗宦遼陽聞永樂間都督劉公江
鎮遼時有倭患望海堝之戰斬級千餘生擒四百封
廣寧伯至今海上之烈人猶頌之公以文臣特起其
所建立卓卓如此真足以宣揚　朝廷之威發舒華

夏之氣匪直淮揚之利而已夫賊之始至也非公決戰通泰則瓜儀維揚必受荼毒而運餉不免焚掠賊之東奔也非公出賊不意收功姚蕩則淮城多不可守而鳳泗不免震驚三沙之賊北渡也非公預有成筭厲兵急戰則以彼勝勢乘我困疲又適我地災饑幸亂樂禍之人内應必衆事變未可測也記曰以勞定國則祀之能禦大災則祀之能捍大患則祀之公於三者實兼有焉予不文聊述其所見之畧 兵部侍郎蔣應奎撰文節畧 已上籌海圖編

海防纂要卷之十

黎陽王在晉明初甫纂

紀捷

長白港之捷

嘉靖四十年四月有倭船一隻倭賊六十餘徒登犯先該海道副使譚　分布兵船在彼哨禦遇到隨遣中軍把總艾升統督各官兵擒斬眞倭首級六十二名顆

霩衢之攻

嘉靖四十年四月有倭船大小二十餘隻倭賊五百

餘徒由觀山登岈攻城該所守禦指揮向桂督率該
所官軍各用矢石火器敵死倭賊三十餘徒賊忿不
退拆毀蔡世楊墳庵屯劄教場紋梯三十餘張蜂擁
夏家山布梯攻打十分危急指揮向桂督率官軍都
茂功等奮勇死戰打死倭賊不計力屈勢窮下船開
洋去訖本年五月復有倭船五隻倭賊三百餘徒由
觀山上岈攻城該指揮向桂千百戸都茂功等督率
該所官軍各用矢石火器奮勇敵退各賊下船開洋
去訖

裘村朱家店戴鼻湖陳之捷

嘉靖四十年五月内倭船五隻倭賊五百餘徒由湖頭渡登岈突犯衷村地方該海道副使王　督率統兵把總艾升等官兵擒斬眞倭首級三百六名顆賊見官兵勢勇遁徃朱家庒地方隨該把總艾升統督官兵奮勇追勦擒斬眞倭首級七十八名顆前賊勢窮遁徃戴嵒湖㥬地方又該把總艾升統督官兵擒斬盡絕計獲倭首一百五十三名顆

鄒山海洋之捷

嘉靖四十四年四月有倭船一隻屯泊在彼該海道副使蔡　調發統兵把總艾升統督官兵犁沉賊船

擒斬真倭首級二十餘名顆餘賊溺死者不計其數

南漩綠鷹之捷

隆慶四年三月二十日有倭船三隻倭賊二百餘徒在南麂等嶴行使該把總胡震督領官兵追至南漩下洋卽獲二船各賊下水生擒真倭三名斬首八顆救回被擄民人三十五八二十八日又有倭船二隻倭賊二百餘徒突至竹嶼該把總胡震及叅將下遊哨兵船衝鋒戰至綠鷹下洋黎翻一船圍剿一船擒斬真倭首級二十餘顆救回被擄男婦四十餘名口

五爪湖之捷

隆慶四年四月有倭船六隻屯泊在彼該海道副使
王　督同參將梅魁統率官兵陳典徐景星楊鸞等
犁沉賊船二隻擒斬眞倭首級二十餘顆溺死倭賊
甚衆救回被擄三人

南麂竹嶼東洛三礁之捷

隆慶六年閏二月二十四日有倭船一隻倭賊一百
餘徒在東洛南麂外洋行使該溫處兵巡道副使張
督同參將胡震統督官兵周津伍奏等追剿擒斬
眞倭首級三顆用火焚溺衆賊死者不計四月初五
日三礁外洋有大倭船二隻倭賊二百餘徒該參將

胡震統督把總李春芳等官兵追剿擊沉賊船一隻
火燒一隻生擒眞倭七名斬獲首級一十一顆救回
婦女四口小厮四人

大衢嶴之捷

隆慶六年六月各區兵船將巳收掣回關該海道副
使蒙　照得汛期將畢恐有廣閩倭船回島嚴督各
哨兵船再加哨禦本月初六日瞭有倭船二隻倭賊
二百餘徒在洋行使劫掠當該副使蒙　總兵朱
參將孫鸞督率官兵徐景星等奮勇攻擊生擒眞倭
一十五名斬獲倭首二十六顆餘徒溺水死者不計

其數救回被擄男婦八名口

鹿頭外洋之捷

萬曆二年四月十一日有倭船二隻倭賊一百五十餘徒該台州兵巡道僉事王　督同叅將戚繼美統率官兵王賜文等奮勇攻擊斬獲真倭首級四顆舉沉賊船溺死無筭

南麂東洛外洋之捷

萬曆二年四月十一日南麂外洋有倭船一隻倭賊七十餘徒該溫處兵巡道副使華　督同叅將李希周統率官兵葉歡等生擒真倭五名斬獲首級一十

六顆救回被擄人民一十九名彼時風浪洶湧即用火攻燒溺水死者甚衆十五日東洛洋外復至大倭船一隻倭賊八十餘徒督遣官兵李春芳等擒斬真倭首級一十六顆溺死不計其數

浪岡陳錢海洋之捷

萬曆二年春汛該海道副使劉　照得漁船出洋東風甚勁恐各官兵沿襲故套屯泊近港以不登峙爲功又恐乘銳妄殺玉石俱焚秪圖多級邀賞因而申明禁約督哨遠洋隨於本年五月初二日哨見大倭船一隻入犯浪岡海洋約賊百餘該署總兵事副總

兵王尚文參將艾升親督把總徐景星所部兵船截殺衝犂斬獲眞倭首級一十二顆餘賊連船覆沒本月初三日復有倭船二隻賊衆二百餘徒突進陳錢海洋搶劫漁船又該副總兵王尚文參將艾升督發把總馬自道等兵船邀擊生擒眞倭六名斬獲首級一十七顆救回被擄民人四十九名餘賊溺水死者不可勝計

漁山海洋之捷

萬曆三年四月十四日松海外洋有倭船一隻自東南行使内向該台州兵巡道僉事王　督同參將楊

文統率把總王有麟等領兵追至漁山海洋擊沉其
船生擒眞倭四名斬獲倭首一十二級賊徒溺死者
不計其數救回被擄漁人二十名
　馬蹟山陳錢洋浪岡高家嘴東桔山五爪湖
白結山魚籠山八捷積谷山落花洋韭山浪
　岡下八山五戰
萬曆三年春汛出師該巡視海道副使劉　會同總
兵李　督同叅將徐正遵奉　欽差督撫軍門劉
撫臨寧波經略調度及申嚴漁船䑸甲之法令其各
帶兵器剿賊論功本年四月十五日據哨報有大小

倭船一十五隻約賊千餘在落花洋合䑸行使入犯比時總兵出蒲嶴叅將出長塗督率把總徐景星等統領各哨官兵相機遠禦併力進剿是日又有大倭船四隻約賊二百餘徒在積谷山外行使官兵客寅等奮勇追及對敵移時傷殘倭賊數多逋誅東遁本日浪岡外洋又有倭船一十五隻官兵樊雲熊材錢潛宋大忠等與賊大戰竟日銃箭齊發擊死傷者不可勝計各賊望東遁去二十二日陳錢海洋有倭船十餘隻約賊五百餘徒官兵徐景星錢潛楊貴熊材宋大忠王三錫等合力攻擊自午至夜分各放火器

焚燒乘風衝犂沉其二船斬獲倭首一十六級生擒
從賊一名各徒被傷投溺者甚衆賊䑸解散我兵分
道進剿五月初一日在黃泥礪海洋哨見大倭船一
隻望大小七行使官兵陳仕賢徐仝徐和等奮勇追
擊過茶山直至高家嘴賊被銃箭傷死者過半奪回
被擄人七名其各賊首級撞遇直隷兵船盡行邀取
去訖初三日在東枯山大洋追及倭船一隻官兵吳
昆等向前奪擊犂沉之斬獲倭首七級餘賊覆没救
回被擄者一十二人又哨至下八山遇有倭船一隻
官兵徐景星等對敵追奔百餘里賊衆大敗忽遇颶

風各飄散訖初四日哨至五爪湖有大倭船一隻官兵楊貴等攻擊犁沉其船生擒眞倭七名斬獲倭首一十九級被傷溺死者不計其數救回被擄人二十三名又哨至蟹鉗海洋有倭船二隻官兵徐景星陳應良等攻打追至韭山外洋官兵齊放銃彈倭賊傷死過半已及收功黑夜霧迷各賊併船迸遁一空船初四日又追至鶯窩白結山海洋有大倭船一隻官兵樊雲等爭先對敵斬獲倭首四級生擒從賊一名餘寇胥溺救回被擄一十二人又督哨長章得秀于魚籠山洋斬獲眞倭首一級樊雲等又於馬蹟山

搜斬眞倭首三級十二日徐景星等又於浪岡外洋斬獲眞倭首四級救回被擄二人犁沉倭船一隻

馬蹟羊山漁船二捷

寧波府知府周良賓海防同知李槩呈稱四月十七日有倭船一隻計賊一十四徒在於馬蹟海洋搶掠漁船當被漁人何邦寵王景秀等奮勇對敵破其船生擒眞倭一名斬獲倭首四級餘賊溺死奪回原搶漁船一隻本月二十七日又有倭船數隻前來羊山海洋搶擄內有四倭跳上漁船被漁人李廷臣等執梃對敵打傷三賊落水生擒眞倭一名

徐公海洋之捷

萬曆三年五月初一日本洋有倭船一隻約賊五十餘徒徃西北行使該嘉湖兵巡道僉事王　督同分守叅將狄從夏統率把總韓沛等領兵攻擊斬獲真倭首九級餘賊連船淬没救回被擄人民一十一名

漁洋之捷

溫州府知府楊邦憲呈據漁戶彭六等報稱於萬曆三年五月初四日本洋有倭船一隻計賊十四人前來搶掠漁船當被六等拚命對敵斬獲倭首三級餘賊盡殺落水

韭山浪岡漁山三捷

萬曆四年春汛出師該巡視海道副使劉　會同總兵李　叅將徐　督發官兵分布信地督撫軍門謝撫臨調度至四月十八日官兵路宰客寅陳應良等哨至韭山外洋瞭有大倭船一隻內向各督水兵衝鋒攻擊生擒倭賊七名斬倭首一十三級奪獲倭船併夷器二百四十五件又於本月二十四日官兵徐九章樊雲宋大忠馬自道等哨至浪岡遠洋瞭見大倭船二隻入寇約賊一百餘徒即督官兵奮勇血戰犁沉前船生擒倭賊五名斬倭首四十四級渰沒

者不計幷獲夷器三百二十七件救回被擄漁戶二十二人又於五月初五日官兵杜德輝江明等哨至南北竺海洋瞭有異船一隻向内行使約有倭賊五十餘徒即督兵船追至漁山擂鼓筆架海洋各用火器攻燒賊船擊賊下水比因銃驚龍起風湙大作止撈斬倭首四級餘賊盡皆淹沒幷獲在船在水夷器二百一十八件

金齒外洋之捷

萬曆五年四月二十一日該分守寧紹徐爺將差旗牌官裘良用等督率昌國把總邵岳哨總杜德輝等

哨至金齒外洋見有倭船一隻向東南行使官兵奮力攻打斬獲眞倭首級八顆救回被擄漢人三名并獲夷器二十件遇夜賊船撞礁渰沒

積穀海洋之捷

萬曆八年四月十六日該分守寧紹盧叅將督同昌國把總陸邦彥哨總陳夢斗等巡哨韭山外洋瞭見倭船一隻約賊三十餘徒由正東向西行使隨督兵船追至積穀海洋犁沉其船因天晩雷雨洶湧止鈎斬眞倭首級二顆及撈獲夷器八件餘賊溺水不計

東霍外洋之捷

萬曆八年四月二十四日該分守寧紹盧叅將巡歷長塗鼠狼湖等處督令中正遊哨把總詹斌錢潛哨官張世澤丘鳳等巡哨東霍海洋遇見大小倭船三隻官兵攻打犂沉賊船斬獲眞倭首級共二十五顆夷器二百九十餘件小倭船一隻餘賊溺水不計其數

西礠洋岐六嶼海洋之捷

萬曆八年四月該松海備倭把總馬繼武先於本年二月內遵奉兵巡溫處道僉事唐　台金嚴張叅將軍令統率大小船隻在於南北海洋往來巡邏至四

月二十四日哨至西礁山名蟹鉗頭信洋犁沉眞倭船一隻擒獲一隻生擒眞倭一名斬獲首級一十三顆投溺者不計二十六日又該把總馬繼武遊哨山名洋岐海洋有眞倭船一隻形若海滄督率哨官王慶龍顧汝濟兩相攻擊賊見我兵勢大難支遂各帶刀投溺下水不計其數生擒魁倭二名斬獲首級一十七顆二十八日把總馬繼武督同中軍把總石光遠在於六嶼海洋生擒眞倭一十名斬獲首級二顆通共生擒一十三名斬獲首級三十二顆俱經解赴本道轉解 督撫軍門吳 驗實題請 欽賞六日

三捷勒碑見在

東洛海洋之捷

萬曆八年閏四月二十三日該分守溫處參將潘清督率中軍胡大經統船於東洛海洋哨遇倭船一隻約倭百餘徒官兵奮勇擒獲生倭一十二名首級一十二顆救回被擄人三名

橫坎門外洋之捷

萬曆十年三月二十一日該分守溫處參將沈思學督率黃華關總哨王龍統船橫坎門外洋哨遇大小倭船二隻賊百數餘徒官兵對敵傷死王龍賊船追

至靈昆海塗督調標營把總馮汝員官兵攻剿擒獲生倭二十六名從賊一十九名夷婦二口首級五顆倭船二隻夷器一百五十三件

花腦浪岡之捷

萬曆十七年三月初二日該分守寧紹吳參將督率中正遊哨官兵陳夢斗錢潛等巡哨花腦大小盤等洋遇有賊船二隻奮勇攻剿犁沉賊船生擒真倭一名斬獲首級二十顆奪獲夷器一百十二件餘賊溺死者衆至本月初四日又督定海北哨總劉應科正遊總張必儒中遊把總詹斌等巡哨浪岡海洋瞭有

草苫大倭船一隻追出遠洋奮勇夾攻龍風猛作官兵冒險鏖戰生擒眞倭五名斬獲首級二十八顆奪獲夷器一百三十五件

洛伽外洋之捷

萬曆二十九年三月二十九日該分守寧紹陳參將督同正遊哨趙應科定南哨哨官韓克華等巡哨洛伽山外洋過有大烏尾小草苫倭船二隻合力攻打犁沉草苫船一隻倭衆約二十餘溺水傳令不許取級併追大倭船忽遇雷風遯遁據船兵錢美等撈斬眞倭首級一顆并獲倭衣二件倭箭五枝及輕傷兵

王國等十二名

東霍之戰

萬曆二十九年四月十五日該分守寧紹陳叅將督同中正遊哨把總陳雲鵬張應試等巡哨東霍外洋瞭見草苫大倭船一隻各督唬船追勦我兵以佛狼機火箭等項攻打賊船鳥銃倭箭射兵捕兵間有被傷陣亡傳國定辛子儀火兵桑有益我兵奮力合攻直抵黑水下洋夜深海煇賊船遁去

東洛外洋之捷

萬曆二十九年四月十九日犯夷熊普達等駕倭船

一隻約倭七十餘徒乘帆向東洛下洋望東南行使哨官張邦達隊長狄龍等瞭見飛報溫處兵巡道按察使湯　署參將事都司孫蓋臣即督官兵葉得春等駕船追賊逼近亂發矢石銃炮四圍攻打賊亦放銃矢對敵自午至酉賊見我兵兇猛勢難抵敵亂竄下水當生擒活倭一十九名并獲倭仗呈解　督撫劉　批行三司各道會官譯審賊夥黃維等吐稱夷犯熊普達等海中劫擄米貨殺死客商三人情眞林元等勾引事實會同按院馬　看得瀰茫一海華夷共之漁商牟利餌賊島夷以乘汛擾我所從來矣自

關酋有事朝鮮海上數年絕警及釜倭遁而島夷鄰東南者漸有覬心去年使船突來狡謀已兆今歲分䑸流劫狂態益張况其器利船堅大非昔比官兵卒遇技力難施聲聞内地羣情已自驚惶萬一隄備不嚴縱令闌入其貽害誠非小小者今幸沿海要地預防惟謹而溫區官兵遠哨遇敵合圍攻打縱火焚擊以致殲其來船溺其倭衆生擒一十九名具 題處分以靖海邦 已上俱海防類考

漳泉之捷

萬曆二十九年春在晉入閩抵泉州受事代庖巡守

漳南道二一纂履任後卽往建南謁大中丞金公旋至省會而倭報紛紛至矣倭掠漁船挾漁人扶櫓猝搶方盛兵船寨遊及沿海郡邑戒嚴賊揚帆海上出没島嶼間縱横亡敵時巡海乏之人而中丞公又以 請告候命境上距海千有餘里聲聞遼絶當事者乃以巡海符授之不佞請得便宜從事三辭不獲而南北中三路傳箭如雨羽書告急軍機喫緊間不容髮省會同事諸公謂余當亟歸道署周行海上纔出省而王和兵船被搶又見告矣官軍脢朒百兵不能當十賊而小埕海壇南日輒追風逐影夸詡以稱勞苦而

寔退卻不前擇其尤者一二以按軍律而將與卒知有進生退死之法賊與兵船遇輙蹈刃跳躍鋒不可挨授指知兵健將衝其尾犁其柁焚其檣火銃火箭火桶乘風縱發一中賊船無得全者而又審詧機宜出奇用間籌畫調度夜不成寢或漏下三鼓而傳門挨報報至無不令人錯愕應酬決判手腕幾脫叮嚀告誡唇吻欲枯書生白面以當金華八閩内地岌岌乎殆哉自有東椗一捷而馘斬強倭甚衆致生囚于帷幄俘獻軍門已而銅山南澳相繼收功賊始知漳泉有備嚴不可犯不敢正目窺閩南而寨遊將士各

有彊立之志皆東椗爲之作氣也大將軍鎮福海不能展一籌而時時請張聲勢以難文臣不佞日受其絮聒謂船小不能制勝勒令採木辦福船木料不可卒得得亦不能刻期鳩工工成亦未必可駕以禦賊爭之不得余乃盡括寨遊福船七隻聽其調度而賊操輕舟如飛轉旋甚捷樓船安所用之南路募兵漁船與鳥船混合擊賊帆檣號色雜出賊不及覺而疑徧海皆兵賊故不能大得志漳泉而宵奔東粵是歲粵海大創所損兵船亡筭當倭之猖獗也大將軍驄檄選精兵結粽踞上游擊賊余謂大海淼茫隨風飄

泊水師與陸師異陸師可據險扼其吭而搤其背船
師詎可聚乎賊所獲漁人靡不爲其嚮導者必避實
擣虛兵抽則防守弛憂在內地矣且客兵從招募何
分强弱弱即當汰不可爲兵愚不敢奉將軍令無已
請將别鎮挑選毋及漳泉漳泉兵不受選沿海星燧
羅列六月五日異風拔木白浪躍空山搖海沸倭船
飄至永寧傍岈泉民携老挈幼奔湧入城諸弁以介
冑見桴鼓聲震請守陴堵賊余下令先發健卒從城
外搮賊入犯路亡何海上報至將士奮勇死戰犂船
沉倭登岈者駢首就擒泉得亡恐而福寧精鋭結䑸

海島不能致一倭而閩峽之圍賊登陸焚掠省會震
驚飛檄救援賊聞援至旋退有天幸焉計大將軍所
俘獲倭二一斬級病死與海無功福與福寧有失而
所擒獲生倭斬級皆漳泉戰士力也彭湖之設有遊
兵孤危四絕去漳海甚寥廓緩急不能救援大將軍
告予亟傳令撤回守内地不撤全軍必覆問之衆軍
及將士皆慫恿謂大將軍及諸將士言良是然往
返必候風傳令下海安得順風往順風歸五百人守
彭山山可守湖可泊絕其樵汲擊其惰歸倭且有後
慮彼五百人更相爲命倭未可卒下也且倭志在擄

掠窺內地子女財帛攻彭山何益耶萬一船由彭湖飄零汪洋巨浸中東西不相顧首尾不相接舟必爲倭有矣彭湖兵可毋撤而將兵者意在必撤兵符巳先發矣余亟傳令止之兵覆請以身任大將軍無奈予何巳倭從東粤摽掠揚揚得志縱蓆東歸而彭湖兵乘其懈而邀擊之沉船破釜所繫頸皆名酋是役也其倖不出于大將軍之計慮者幾希耳倭出南澳張定兵船被擄去幸有浯銅遊兵追擊奪船歸而搶船之倭盡被浯銅兵殲戮此可稱漳海奇功而把總方其欲搶其否臧失律與浯銅攘臂拔劒擊柱一軍

盡爲左袒不欲當失事之名反唇相剌事聞兩院余謂浯銅南澳一體然不當混功過以死將士心偹上勝負情形勘斬級一一解赴軍門及直指使者按驗驗畢請封置他郡毋發歸于時救回被擄多人活口質證爭功者慭沮武弁妬功忌勝彼此媒孽變黑爲白有不勝其簧鼓者愚獨秉公心罪必核功必錄勞不至泯欺不至售庶幾無負當事者委任之殷奈之何懦師僨帥倏忽轉遷而有功如沈有容張萬紀其人者與望風縮首之輩同類共律蓋功冊成于余手頡頏指藺而新海道受事更削牘爲之其中低昂軒

輕余付之不問　題疏發而不孝且憂奔歸里矣余
署漳南巡篆直至五月交代而是月之終海波已恬
始事者與終事者埒而庖代三符者與手握一符埒
大將軍坐鎮以二首功受上賞陞實級官都督沐世
恩而余以犴犾之勞無裨實用而猥受　賚金進秩
其爲大將軍之提挈多矣是役也沉犂倭船九隻奪
獲賊船并兵漁船十六隻生擒倭賊四十二名斬首
八十六顆獲從賊首十五名救回被擄一百六十四
名奪獲器仗一千二百九十三件皆出漳泉部下事
載撫院題疏及直指勘功疏中　王在晉記

附獲夷紀略

交趾夷

萬曆三十九年六月天風猋駭海颶飛揚溫州參將沈有容報獲異船者三初獲爲裴㬥等七十三名内裴福寧黎光武楊文仁少知書字自供爲阿南國升華府河東縣人五月奉上官差往長沙葛黄處薦禮祭祀一神而被風者再獲爲武文才等二十五名内陳陽科少知書字自供爲升華府河東縣人六月往歸仁府維遠縣販賣飄至海中爲虚昭所劫而被風者三獲爲弘運等三十七名并瑞安縣獲解稱文稜

等五名共四十二人內陳光袍何玉榜少知書字自稱爲升華府濰川縣人五月就富安府裝載官粟併各物回本營而被風者阿南爲安南國其君黎姓後莫姓繼之今復歸黎國有五道四宣二處京都城市有古殿舊跡人皆被髮裸下足盤屈蹲踞爲恭聲音莫辨飲食無分生熟所奉上官令爲欽差節制各處水步諸營兼總內外同平章軍國重事太尉長國公又鎮南營都督府掌府瑞郡公雄義營端國公國人讀孔孟五經四書念南無阿彌陀佛男女行大小禮嫁娶婚姻以時問衆人有妻子否曰有妻子問思歸

否則泣下不敢言裴福寧自稱爲校生通三場其人舉止迂濶大類老儒押韻吟詩有也知 上國施仁政生養恩深荷 九重之句督撫浙江軍門高 發按察司署司事叅政王在晉審明具疏題 准遞歸兩廣總督送回本國四十年十月十二日有安南國都統使黎維新印信領狀

朝鮮漁人

萬曆三十九年九月台州叅將方矩獲朝鮮男子四婦二孺子一男子俱同姓李大李漢隊爲同生兄弟而李三其親叔也李四與孺子李小一爲同生兄弟婦許氏年三十有二爲李大之妻金氏年二十有九

爲李漢隊之妻各長其夫一歲俱未生育五男子一
族爲朝鮮全羅道南原府濟州康津縣人男子草笠
大帽婦絣髪加于額人貌樸野椎魯而言語侏㒧卽
譯者不能暢曉有帽匠李大挺者爲朝鮮人寓于杭
呼而庭譯之應對如響李大漢隊之父曰李萬石李
四小一之父曰李蠻固萬石尚存譯其蠻音父曰阿
鼻叔曰三寸兄曰勝媪娌曰阿姊名子曰阿得康津
海濨男子持竿婦女操舟或釣而網或餌而漁取生
鮪魚國中價貴肉附于殼今猶有乾魚帶殼者以布
束纏于腰漁者每人挈米二三斗爲半月糧取水一艙

共十數石下海採捕或十日而歸半月而歸本年八月二十五日男婦往東海取魚駕舟下碇二十八日上燈時遭風桅損舵壞任風飄蕩昏夜迷路不知所之船底平得不欹覆船中水盡取海水食之有火石火刀取火供爨度命至九月二十一日到靜寇海門乃爲哨捕獲焉督撫浙江軍門高　發按察司署司事叅政王在晉審明具疏題　准遞回本國轉發原籍安置

飄倭

萬曆四十年八月十四日台州叅將方矩獲解倭夷

哈哪哩等十二名倭婦烏般薩一口并草撒船一隻船中有日本草蓬草苫等件匕首刀鞘一件乾飯一撮驗得各倭頂髮開塘外髮稍長臂有刺紋下體兜陰又于身内搜出倭衣五件倭布一疋倭婦身上搜倭旗一面試以語言相顧駭愕試以物應對如譯書問所居曰右南哥隷于右雞哪什馬其酋長爲拖哪右南哥輸糧于右雞哪什馬而拖哪掌之其輸糧每年輸差右南哥六十餘家壯者百五六十人人種田五畝納米一斗所載米十七包黃麻十二包遭風投水船中僅存炒米一包爲食海水不可飲則張布接

衣承雨攬水得不濕所帶麻布三尺爲招風旗拖哪之所給也女人進香于哈密弗多結搭船同行飄至鹿頭外洋弃船登岈爲官軍所獲督撫浙江軍門高發按察使王在晉會勘審非入犯議將獲倭分發各營具疏　題請各倭旋相繼以斃止存烏東家一名發營收養

軍行

一軍未發前三日下令收拾行裝𩋆勒乾糧鞋履器械一一足備聽令而行不可使預知所往泄漏事機

一發軍日不拘時分但聞第一盪喇叭響收拾軍裝第二盪喇叭響整隊擺立第三盪喇叭響啓行各哨

先令馬軍一半在前一半殿後各隊步軍依次隨行如出郊外須令熟知道路夜不收及遊兵前引左哨行左路右哨行右路前哨行中路之先中軍行中路之中後哨行中路之末每隊相去一百五十步如遇山路窄狹不能竝行者前哨三隊先行左哨三隊次之右哨三隊又次之如此輪流遞爲一路不許攙越停擁至寬平處仍照前三路分行不許斷隔違者治以軍法

一凡行軍須令遊兵前持五色旗遇溝塹開黃旗遇谿河開黑旗遇林木開青旗遇賊開白旗前後遞相

傳開掌旗官失於瞭望者痛决一百因而悞事者依律處斬

一經過城堡鄉村鎮店不許縱軍離陣驚駭人民强買物貨飲食奪人乘騎如有違犯定依軍法處治

一軍行步兵在前騎兵在後如遇大雪騎兵在前步兵在後

一軍行遇大雪大雨人馬寒凍兵器濡濕者即宜擇地駐劄申嚴隄備待天晴道乾方可行兵如欲攻其不意不備者不拘

一軍行遇大風逆來吹揚灰沙撲人面目者不可進

兵宜擇地下營以防不虞若風從右背來者是助我
軍宜急進兵然崔浩因逆風而旁設伏兵待賊過發
伏擊之取勝是謂以權佐攻也
一軍行前有賊兵守我要害斷我歸路宜引兵避之
別求其便或用車營塞其險隘固我人馬且戰且前
用飛槍神砲弩勁兵奪其要害破其困扼可以制敵
取勝
一軍臨賊境遇關山險隘及三岔川口先令遊兵於
最高處四面卓望或路傍有深林幽谷草木蒙密去
處須令短兵於內搜索果無姦伏即回報主將挨次

整隊而行

一前哨軍遇賊卽於當脚下先占高平之地堅立以待遞報中軍聽其相機調度此時如有回頭移足悉以軍法重治退後者卽係臨陣先退依律處斬

一渡水先令水手前行探其深淺如有水深卒無船筏卽用大索數條於兩岸林木或用樁橛上繫定先令乖覺十數人攀索過水登高遠望果無藏伏方令各隊將旗槍刀每十條爲一束或於近便處採砍竹木作排筏下排刀槍上鋪衣甲用大環穿於渡索上以聯其筏令先過者於岸上搾曳過水或用大甕絞

作罌筏或用羊皮渾脫皮囊䉵草於内令實繫作木筏渡人尤妙俱要挨次而行不許攙越

安營

一下營之法擇地爲先地之善者左有草澤右有流泉背山險向平易通達樵牧謂之四備居山占其高陽居水占其上流大約軍之所居就高去下向陽背生兵法所謂養生處實軍無百疾居山之左備山之右居山之右備山之左居山之陽備山之陰居山之陰備山之陽不居無障塞謂四通八達之道受敵益多不居深草恐有潛襲或被火燒不居水衝恐有漲

溢或被決壅不居無水及死水恐渴飲致病不居無出路謂四面地隘恐被圍難解及糧運阻絕不居無草萊恐軍馬乏絕不居下濕恐人生病軍馬不利不居廢軍故城久無人居者恐被兵圍生疾不居塚墓間與鬼神共處春夏宜居高而無暴水秋不居溝澗深谷處有洪潦兵法有曰山中之高謂之天柱澤中之高謂之地柱高中之下謂之天獄低中之下謂之地獄斥鹵之地草木不生謂之飛鋒故村虛落荒城古砦謂之虛耗川谷之口乏本無草謂之天竈穹隆斂背四面平坦謂之沃焦亦名龜背神祠社木謂之天

社丘陵之上大山之口謂之死地大山之端謂之龍頭凡此地皆不可安營安營皆隨地形而設寬平處即布方營半險半平處即布偃月營先計人數列營幾重配地多少隨其衆寡一人三步使隊隊間容隊寧使剩隊不得少隊如有剩隊則均分四角或中軍以備急用

一軍行將欲止舍必先令遊兵於營四旁高阜處整隊駐劄就差乖覺四遠哨探一則以防敵兵一則以遏走遁及待營内卓幕以定各守信地訖看中軍發起火三枝則諸軍方許撤隊入營或有聯見聲息隨

即放砲候主將號令相機應敵

一營邊如無水者以地生蘆葦水草之處及地有蟻穴其下必有伏泉可開井取水及尋野獸踪跡去路不遠有水如軍遇緊急備水隨行者須用羊皮渾脫盛之或大葫蘆亦可

一四外要害去處裝塘伏路者每更輪流三人於道傍防候如有細作潛來偷營切勿驚叫放賊過塘遠遠暗襲至第二塘以裏後無賊兵相繼者即與答號密切掩捕不許喧譟

一臨賊境凡採薪汲水收放未出之先須用遊兵四

遠架梁見賊即便放砲使知迴避
一營壘已設警備再爲量分遊兵於營外四面要害
去處每處給與鼓砲隱於幽僻之所或園林村疃之
中如夜有賊來犯我營壘者前項伏兵即從後舉砲
鳴鼓而出以攻其背如此賊必驚疑潰散
一凡遇賊夜來犯我營壘不得已而與之戰其法在
於立營之制也立營之法與布陣同蓋止則爲營戰
則爲陣大陣之中必包小陣大營之內必包小營前
後左右諸軍各自有營大將之營居中諸營環衛隅
落鈎連曲折相對再於各隊量抽短兵於營外五十

步內裝塘如賊至塘所佯爲不知放賊過塘遐遠然後放起火一枝營內軍士皆起披執兵亦禁聲安坐以待敵至即舉四角烽堠照耀營壘我軍於暗處伺立但見來者便以弓弩槍砲齊擊截其歸路奮勇疾戰如此則賊可擒也

一賊入隘口待十過其四五我從後傍截之如賊驚亂則奮兵擊之必勝

一賊出隘口來鬭候其半出速馳赴之左右夾攻再遣精兵由間道奪其高險以銃弩火箭下瞰攻之可以全勝

一賊入境侵掠且按兵洽力待其將退度其歸路從間道潛出精兵據險設伏再以大軍躡其後候賊入伏乃鼓譟而前奮力齊攻必勝

一賊衆我寡須要避易就險或乘其陰霾昏夜及潛伏林莽設爲疑兵隨形應變擊之勝

一賊入境內初來氣銳不可當頭截殺俟其四散搶掠其衆必分我當潛兵於鄉村擊之或待其將歸預爲分兵伏於歸路從三分之二以邀攻之則勝

一軍行山峽之間卒然與賊相遇道路窄狹雖衆難用當命冐死勇力之士先鳴鼓大譟而乘之以竒兵

接戰再遣健步精兵潛登岩峭險阻夾攻古人以此
爲谷戰譬如兩虎鬬於穴中猛者必勝
一我軍爲敵所圍斷我前後我欲突圍而出必當以
步兵居内車騎長筅手鎗手刀手相參居外前後以
長鎗大牌補空分爲三部各部勇戰突之出圍仍合
一處互相犄角擡陣緩行慎勿驚亂
一與敵遇於深林之内當視林木疎密疎處則布騎
兵雜於鎗牌密處則布短兵各以奇正更戰更息此
謂林戰之法也
一敵人遠來疲勞可擊方食可擊天時不順可擊地

形未得可擊亂行可擊
一敵若於高山大隴揚兵而行者必別有精兵將由間道攻我不意我當置望樓遠瞭或有塵起鳥驚之處當潛遣精騎先於來路據險設伏待其至而擊之
一敵若乘其風雪飄翳故令偏師來攻待我應之彼必佯爲敗北此欲誘我入伏也我當勒陣緩追潛於軍後多選精兵從賊來路及度其歸路密切覘望如有伏兵卽分軍爲三四潛入伏所互換攻擊若彼伏兵敗走我軍就彼伏定待彼來誘我者入伏卽起而攻之

起營安營規度

凡行營須待大營旗纛起行或聽駕前銅角聲各營方許起行每日下營量撥步軍或五隊十隊馬軍五隊或三四隊步軍披甲馬軍不摘鞍伺候長圍及架砲者布列已定方許入營休息有盜人衣糧諸物及盜騾馬宰殺并檢括隱藏人遺失物者俱斬知情首告者給賞知而不首者同罪若收得馬驢騾駄者即送該營轉送大營召人識認如有遺失被後哨官軍收獲者收役官治以大罪

凡將下營未定之時須撥幾隊人不解甲馬不解鞍長圍架砲先定然後入營休息及嚴謹營不偷

盜然後營自整也
以上俱兵法所未載者故表而出之

禁諠

凡兵體尚靜惡諠靜則有序諠則必亂其軍行在路若要喚人及進退止息令每隊取曉事者兩人一人執小緋旗子於本隊外傍行去隊十步以爲望一人專聽待喚如去賊近卽遞相暗報欲令止息卽卧旗子當隊下卽任候見旗立卽速行或要抽退令旗子不住前招當隊回身速行其大軍首尾亦各差小校領主將處分他人不得輒傳聲

度險

凡軍行入山林翳薈之地防有伏兵先須選趫健三二百人於險阻不防之處偷路過把其出道又選驍勇當道索搜或自高山樹杪使人遠視審無藏伏分兵前後以爲堵截然後遣輜重先渡以歩兵繼進其濟水亦如之　凡遇坑穴闊三五丈人馬不可通即令軍中每人把一木橛子及一束薪芻之類遽傳填之立可渡　凡遇峭崖峻壁之阻則以接梯倚其壁選趫健者手執鈎竿身繫二繩索緣梯並勾木石而上至半穩處即繫繩於木垂兩頭至地繫横闗爲軟梯與衆軍攀緣并續加繩索及縋人登之

出隘

凡軍行賊境若逢山水窄隘橋梁濟渡須防壅遏自相蹂踐及爲敵人邀截先令左右廂虞候各領第一隊過便於兩邊卓隊排陣以爲防守次第二隊過以次排立第三隊亦如之餘軍亦準此待末隊過盡即左右兩廂對行引發如非賊境即軍伍相連緩行過渡依常引發仍置斥候遠望如前法

賫糧

夫千里饋糧士有饑色樵蘇後爨師不宿飽況深入敵境飛輓不通襲師及寇益資擬備雖云因糧於敵

亦虞淸野以待舊法人持乾糧三斗可用數旬若班師在道去境猶遠儲貯乏絕即須揀擇羸瘦牛馬應卒以充軍食庶全人力不至爲賊困逼　舊法米一石取無穀者淨淘炊熟下漿水中待水曝乾淘去塵又蒸曝之經十遍可得二斗每食取一大合先以熟水浸之待濕徹然後煮食之一人可五十日　鹽三升以水和入鍋中炭火燒之即堅小不消一人食可五十日又宜夏月遠行　粗布一尺以一升釅醋浸曝乾以醋盡爲度每食以方寸煮之可食五十日取小麥麪作蒸餅一枚浸醋一升（或作斗）曝乾以醋盡

爲度食每梧桐子大煑之人可食五十日　豉三升
搗如膏加鹽五升捻作餅子曝乾每食如棗核大以
代醬菜人可食五十日　米麨一升人食可一日
牛一頭食之五十人可一日　馬一匹食之五十人
可一日驢一頭食之三十人可一日　如更急難諸
戎裝用皮者亦可煑食救饑　山行即採松皮每十
斤與米五合煑之食爛熟半斤一人可食一日　每
人將油麻半升如渴取三十粒含之立止　烏梅乾
喞口中亦可止渴　每人將葫蘆或竹筒皮榼可受
二升者料前程之水即盛行　馬軍每人將乾酪與

馬恐馬渴乏　邊兵遠行則有糜餅皺飯麨雜餅之類糜餅用糜末作麪投沸湯和爲餅厚一分候冷切作碁子曝乾收貯如在營砦內以湯沃而食之如路行及戰陣中乾食之味美不渴愈於雜餅皺飯麨並製如常法惟曝極乾令可齎持及久

斥堠聽望

凡軍遣候吏必擇精明勇敢奇謀遠慮者令彼鄉國之人引導而往或刻獸足印中路爲却行之狀或土冠微禽而隱伏叢薄之間蓋欲密聲晦迹惕人知覺然後傾耳而聽專目而視諦伺宅物以迎知敵人之

精故見水痕則知敵濟之早晚觀樹動則驗寇來之馳驟衆草多障者使我疑也飛鳥不泊者下有伏兵也駭獸奔逸者謀潛襲也（敵來之伏餘見察敵形門）凡此之類皆可察而預知之必待逢敵之軍而後用其耳目則不能及矣若師行斥堠多擇高要之處察望四邊前探不得推後探以為鋒左矛不得望右矛以為固是以軍行軍止必先謹聽候之法也

探旗

軍前及左右下道各十里之內五人為一部人持一白幡一絳幡見騎賊舉絳幡見步賊舉白幡傳語後

第二第三部諸主者白之賊百人已下但舉幡指百人已上舉幡大呼主者遣疾馬往視

探馬

軍行前後及左右五里著探馬兩騎十里加兩騎十五里更加兩騎至三十里用十二騎前後爲一道其最遠及以次遠者各等第揀壯馬給與之馬弱則恐爲賊所擒若兵多發引稍長即路上更量加一兩道其乘馬人每令遥相見常接高行各執一方面旗無賊則卷有賊則舒以次遞應至大軍大軍見旗展則知賊至庶得擇利設機應變迎前出戰也

遞舖

凡軍行去營鎮二百里以來須置遞舖以探報警急務擇要逕使往來疾速平陸别置健足之人水路亦作飛艇或五里或十里一舖從非寇來之方亦須置之

行烽

凡軍馬出行擬停三五日即須去軍一二里以來權置行烽如有動靜舉烽相報其烽并以賊來要路每二十里置一烽連接至軍所其遊奕馬騎晝日遊奕候視至暮即移十里外止宿防賊徒見烟火掩襲烽

人其賊路左右仍伏人宿止以聽賊徒如覺賊來即舉烽遞報軍伺賊十騎已下即舉小炬火前烽應訖即滅火若賊百騎至二百騎即放一大炬若三百騎至四百騎即放二炬若五百騎至千騎即放三炬準前應滅前烽應訖即赴軍若虜不到軍即且抵山谷藏伏既置爟烽軍内即須置一都烽應接四山諸烽其都烽如見烟火忽舉即報大總管其道烟火起大總管當須戒嚴收保遣差人斥探已上出武經總要

海防纂要卷之十

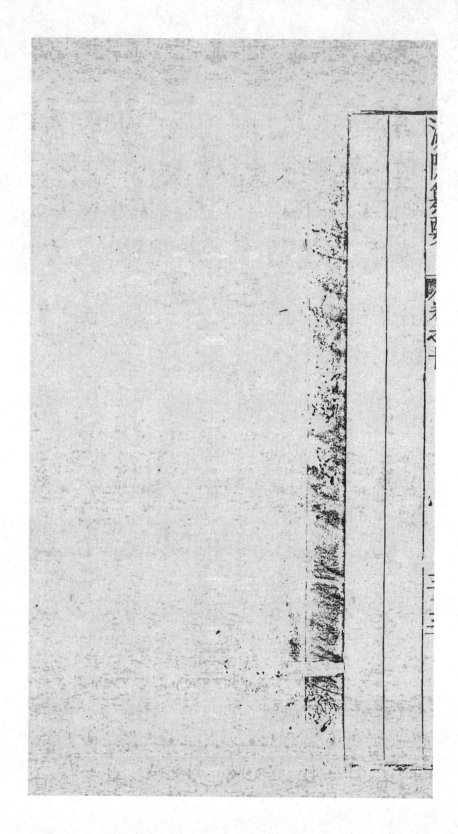

附全五册目録